上海家长学校
家庭教育指导丛书

相旭东　主编

家庭关系
与家庭教育

陈小文　编著

上海人民出版社　上海远东出版社

图书在版编目(CIP)数据

家庭关系与家庭教育/陈小文编著. —上海：上海远东出版社,2021

(家庭教育指导丛书/相旭东主编)

ISBN 978 - 7 - 5476 - 1719 - 9

Ⅰ. ①家… Ⅱ. ①陈… Ⅲ. ①家庭教育 Ⅳ. ①G78

中国版本图书馆 CIP 数据核字(2021)第 125502 号

责任编辑 贺　寅

封面设计 李　廉

本书由上海开放大学家庭教育教材开发与出版项目资助出版

家庭教育指导丛书

家庭关系与家庭教育

陈小文 编著

出　　版　上海远东出版社
　　　　　　(200235　中国上海市钦州南路 81 号)
发　　行　上海人民出版社发行中心
印　　刷　上海信老印刷厂
开　　本　890×1240　1/32
印　　张　7.25
字　　数　125,000
版　　次　2021 年 7 月第 1 版
印　　次　2021 年 7 月第 1 次印刷
ISBN 978 - 7 - 5476 - 1719 - 9/G·1105
定　　价　48.00 元

家庭教育指导丛书

编委会名单

主　　　任	王伯军				
副 主 任	王松华	江伟鸣	姚爱芳		
编委会成员	张东平	蒋中华	徐文清	王　芳	祝燕国
	赵双成	吴　燕	毕玉龙	钱　滨	王　欢
	应一也	张　令	陆晓春	朱　斌	叶柯挺
丛 书 主 编	相旭东				
本 册 主 编	陈小文				
本 册 作 者	陈小文	相旭东	王伟立	梦　晓	张　丽

总 序

"谁言寸草心,报得三春晖。"孟郊在一千两百多年前,就一语道出家庭养育的真谛。寸草之心,难报三春晖。父母之爱,唯一为了分离的爱,而不是为了回报的爱,更不是为了索取的爱。父母爱孩子,是为了孩子有能力渐行渐远,可以独立生活在这个世界;父母爱孩子,是无私的付出。但是,为什么那么多父母爱孩子,结果是孩子发展得并不好,甚至事与愿违,以至于今天铺天盖地的父母焦虑情绪,把教育工作者挤压得焦头烂额、不得安宁? 教育,天底下最美好的事业,不应该这么难呀!

中华人民共和国成立 70 多年来,我们的学校教育获得了长足的发展,社会主义建设的伟大成就,离不开从国家最困难时期就始终坚持优先保障的未来事业——教育的成功。今天,我们的教育要满足人民美好生活的需求,需要自我革新,进一步发展,要成为更优秀的教育。家庭教育是当前教育事业发展中的一道坡坎、一个瓶颈。

从 2015 年春节团拜会上习近平总书记强调要注重家庭、注重家教、注重家风，到同年 10 月教育部印发《教育部关于加强家庭教育工作的指导意见》；从 2016 年 10 月全国妇联、教育部等九部门共同印发《关于指导推进家庭教育的五年规划（2016—2020 年）》，到 2019 年 5 月九部门再次印发《全国家庭教育指导大纲（修订）》，再到 2021 年 1 月 20 日，十三届全国人大常委会第二十五次会议审议通过《中华人民共和国家庭教育法（草案）》。每次重要的决策及其精神都显示了我们国家的家庭教育越来越受到重视。它不仅关乎个人成长、家庭幸福、社会安定，更关系到国家富强和民族复兴的伟大事业。

但是，全社会对家庭教育的重视，目前还停留在两个层面的初级阶段。在"供给侧"层面，主要是尚未形成系统化的家庭教育理念、方法的指导和安全警示方面的宣教；在"需求侧"层面，主要是焦虑的家长群体为缓解自己的焦虑而四处求索。家庭教育光靠重视还不够，还需要实务理论体系、公共管理政策及其制度的建设。受上海开放大学王伯军副校长和诸位领导的信任，领命主编本套丛书，我倍感光荣且责任重大。我有幸找来了志同道合的伙伴，我们快速组成了编写团队，期望努力在家庭教育指导工作者培养和家庭教育科学普及方面有所贡献。

本套丛书内容整体编排有一个自下而上，再自上而下的过程：自下而上，是指我们的内容首先来自家庭教育指导第一线实践经验；自上而下，是指在自下而上汇总实践经验的基础上，我们组织专家团队讨论分析，最终确定丛书编写方案。我们力争做到有体系，深入浅出，既有理论深度又有实践经验，用生活化的语言向读者传达科学道理。丛书分为五个分册，从五个侧面阐述了家庭教育及其指导服务。

《家庭文化与家庭教育》可以说是整套丛书的开篇。我们中华民族的文化特征之一就是家国文化，它犹如浩瀚之水，填满每个小家庭的水缸。这浩瀚之水就是家庭文化的共性，它包含了我们的历史、文字、习俗、法律、政策等，呈现在社会主义核心价值观中，深刻地影响着一代又一代中华儿女成为炎黄子孙。一户家庭小水缸里的水，就是家庭文化的个性，它伴随和响应着浩瀚之水，深刻而直接地影响家庭教育，使得这个家庭里的孩子成为已然如此或未来可能的生命个体。家庭教育指导分为科学宣教和个案咨询（辅导）两部分，如何做好这项工作，我们在这一分册中用一个章节作了比较详细的介绍，提供了具有代表性的实际操作案例。

《身心发展与家庭教育》从身心发展角度来阐释家庭教育。虽然家长们能比较容易地查询到儿童身心发展规律的相关知识，但是，现实生活中，因为认知的偏差，很多养育者在养育孩子的行为上存在失误甚至比较严重的错误。家庭教育要符合儿童身心发展的规律，有一些基本的原则是不能违反的。这一分册第一章首先以通俗化的语言来介绍有关身心发展的基本知识；第二章介绍符合身心发展规律的各阶段家庭养育和教育行为，以实际案例来帮助读者理解知识，重在提供实践意见；第三章针对当前在校生中普遍存在的情况，帮助读者理解孩子的自我伤害和自我妨碍行为，并且提供预防和帮助的实践意见。鼓励家长不仅要看见孩子、看明白孩子，还要学会看大和看远。

几乎所有家长都知道好习惯对孩子的成长有多重要，但自身具备好习惯的家长比想象的要少，能够真正理解好习惯是怎么通过行为内化为态度并且施加正确引导的，又更少。我们在《学习管理与家庭教育》中提出了学习管理的理念。从普遍存在的家长对习惯的曲解开始，介绍以学习者为中心的学习管理。孩子们的学习首先是个人的、家庭内部的，然后是学校的、社会的。作为成年人，家长有义务、有必要帮助孩子实施学习管理。学习管理不仅是向内的对自我的管理，还包括对外部的社会资源的运用与整合。所以，它是一个家庭成员共同参与的家庭管理。

树立以学习者本人为中心的学习管理理念，学校学习机会和社会学习机会都是需要去管理的学习资源，家庭学习已然成为家庭生活中重要的部分。不论有意无意，从心智发展和个人认知角度来理解，学习时刻在发生。同时，我们必须高度重视今天每一个人都不能脱离互联网的现实，互联网场景下的学习管理，变成一件很重要又很棘手的事情。这一分册的第三章专门介绍这一方面的趋势、现状和管理探索。

《家庭关系与家庭教育》着重介绍隐含在家庭人际关系中的结构性应力关系（系统动力）是怎样影响了孩子的成长，家庭教育需要如何应对和驾驭这种无形而强大的力量。

今天多元化的家庭和家庭中丰富的迭代关系，为家庭教育带来了更多不确定性。父母离异到底会对家庭教育产生什么样的影响？为什么同样是父母离异，有的孩子发展得很好，有的孩子发展得很糟糕？我们在这一分册中用一个独立的小节，对父母离异的孩子进行比较充分的解读并给出家庭教育建议。诸如服刑人员和吸毒者的家庭、留守儿童家庭等面临一些特殊家庭关系的情况，孩子们及其家庭可能更需要家庭教育指导者的帮助，我们用了一个小节进行专门的讨论。

城市化发展，已经使得以往的家族支持系统发生重大变化，尤其在家庭教养方面变得更加小家庭化，更加需要寻求社会支持。社会公共服务是否做好了这方面的教育支持，目前做得怎么样，公众需求在哪里，未来会怎么样？这些问题，我们放在本丛书的《社会发展与家庭教育》中进行探究。

由于千百年的中国文化根基，家庭需要并且已经习惯于族群社会支持体系。中国社会已经发展到知识经济时代，这种传统模式依然存在；但是也必须看到随着城市化发展，家庭小型化促使家庭开始寻求基于公共服务的社会支持，或者社交型社会支持。家庭的这种社群关系影响着家庭本身的成长，同时也影响着家庭成员的成长。今天，全社会都在提倡社会工作，社会工作体系中有家庭社会工作，也有学校社会工作，还有青少年社会工作和儿童社会工作的划分。这些社会公共服务目前处于什么样的发展水平，与学校教育、家庭教育具有怎样的关联，如何运用和促进社会工作进而促进家庭教育的指导？这些都是我们要深入探讨的领域。

绝大部分家长和专业工作者，都会把家庭教育指导与心理学联系起来。心理学方面的服务体系目前建设得怎么样，家庭教育如何寻求心理学的支持，心理学如何为家庭教育保驾护航甚至提供更贴切的主动服务？这也是需要我们积极探索和回应的问题。

习近平总书记在 2021 年全国两会上强调:"无论学校教育还是家庭教育,都不能过于注重分数;分数是一时之得,要从一生的成长目标来看。如果最后没有形成健康成熟的人格,那是不合格的。"让每一个孩子形成健康成熟的人格,是家庭教育的首要目标。它是一个过程性目标。如何让这个过程性目标与社会合拍,如何管理这个目标,是家庭成长中的重要命题。本丛书编写方案,尤其是内容体系的安排,我们两易其稿。其中关键的地方在于,实践中有效的方式方法,有些在传统理论中可能没有充分讨论,怎么办?

我们本着实事求是的基本态度,从实践出发,围绕服务好家庭教育,抓住事物主要矛盾,分析矛盾的主要方面,在矛盾的对立统一中发现解决问题的杠杆和路径,最终形成今天呈现在读者面前的家庭教育及其指导服务的五个维度、五种图书。我们相信这五个维度的内容,依然是实践经验和理论指导相结合的初步成果,它还有很多需要进一步探索和完善的地方。

本套丛书能够在这个令人兴奋的时代大趋势中,勇敢地先行一步,抛砖引玉,为家庭教育及其指导工作尽绵薄之

力,对此我深感荣幸。我代表全体编写人员,真诚希望各界

人士提出宝贵的意见。

相旭东

2021 年 5 月 15 日于茸城半日轩

序言

　　家庭教育无疑已经成为近十来年，乃至今后很长一段时间里的教育热点。和家庭教育相关的信息，往往会成为社会文化传播中的热点、社会生活中的痛点。比如，衔接教育、课业负担、升学压力，又比如多动症、青少年抑郁、网瘾、人际交往障碍……凡此种种，已经让不少家长焦头烂额，但周围的资讯还时时在告诉着你，别人家的孩子如何优秀、别人家的孩子学习了什么而变得如此优秀，别人家孩子的父母都为孩子创造了哪些条件让他们更优秀。于是，各位爸妈的神经时刻被绷得紧紧的，注意的焦点集中在孩子身上须臾不离。但即使家长如此殚精竭虑，却依然遗憾地发现，孩子的学业常常不如人意，孩子也经常接收不到我们对他的浓浓的爱意和关怀！于是，家长们会走进咨询室，求助于家庭教育指导师，希望能够解决孩子身上存在的各种问题。

　　但是，家庭教育指导师往往会说："其实，孩子并没有太

序
言

大的问题,真正的问题在于家长自己。"其实,家长以及父母之间的关系,本身就是一种教育资源,如果经营、建设得当,能够为孩子构建足够安全、温暖、积极向上的成长环境。但众多家庭自从有了孩子,家长往往会忽视彼此关系的维护、建设和发展,有意无意间将亲子关系凌驾于夫妻关系、家庭其他成员关系之上,从而为家庭教育带来各种困扰。

所以,我们就着重来谈谈这个常被忽视却又十分重要的话题——家庭关系和家庭教育。本书大致分为三个部分:第一章讨论家庭人际关系如何影响孩子的成长,如何推动个体的发展;第二章则重点探讨婚姻关系是如何成为家庭关系中的压舱石,如何透过婚姻关系影响到彼此以及孩子;第三章,我们将围绕一些特定家庭结构类型,例如核心家庭、主干家庭、离异家庭以及部分特殊家庭,针对不同的结构特点给出一些我们的建议。

当然,家庭教育有着高度的复杂性,我们能够给出原则,但是无法给出所有的具体答案,更无法告诉家长"你只要按照一二三四这样的步骤,一定能够取得成功"。家庭教育千差万别,即使是相同的表现,其背后的原因也可能极不相同;即使采用了相同的方法,由于环境不同、家庭成员个性不同、际遇不同,最终结果也可能大相径庭。因此,想取得教育成效,家长是否有学习能力、观察能力、反思能力,才是最关键的。

实事求是地说，系统阐述家庭关系与家庭教育之间的联系，对本书的各位作者也是极大的挑战。每一位作者都竭尽所能，将自己对家庭关系的理解以及所经历的典型案例，与读者们分享。

请一定记得，我们所揭示的现象背后的原因、所提到的理论，并不一定是唯一的。每个家庭都是微小却又复杂的系统，我们所提到的案例、方法、理论，都只是各位家长探索前行的一个路牌，而非具体的路线。更多的需要家长探索自身的成长经历、所处环境，观察家庭成员之间的相处特点，然后依靠一些理论和方法，创造出自己的家庭教育路径。这大概就是家长自身的成长过程吧，在经历这个过程的同时，也一定能够寻得解决自身问题的钥匙。

记住，你自己就是资源，你自己就是力量。

最后，要感谢本册的各位编委，能够为各位读者提供他们的想法、认知和实践。他们是相旭东、王伟立、梦晓、张丽。

陈小文

2021 年 6 月 15 日

目录

目
录

目

录

第一章

家庭中的心理动力关系

我们通过本丛书中的《家庭文化与家庭教育》分析了家庭文化对家庭教育的影响，通过《学习管理与家庭教育》知道了如何进行家庭学习管理，通过《身心发展与家庭教育》了解了符合儿童身心发展的家庭教育注意要点。在某些情况下，很多人知道了却未必能做到，尤其是当人们处于情绪性对抗状态的时候，所知道的道理和方法都被抛诸脑后。在实际情况中，绝大部分是父母的情绪张力促使他们采取了压制型或者讨好型的家庭教育方式，其结果总是事与愿违。能在家庭教育中保持积极良好情绪状态的家长，可能比想象的要少。但是，孩子们强大的心理弹性，绝大部分足以消化来自父母的不合理行为。成长的过程，在很大程度上是学会应对父母并且逐渐固化为一种模式，我们称它为人格特质，俗称性格特征，更优美的说法是心智模式。

家庭教育以亲子关系为核心，围绕亲子关系的是家庭内的其他人际关系，这些关系对家庭教育有着深刻的影响。

第一节 家庭人际关系对家庭教育的影响

　　家庭是一个结构,这个结构中的每一个个体受结构的影响,同时也影响着结构。就像细胞,每一个细胞都由细胞膜保持其形态的完整和独立,同时它们的边界是具有通透性的,可以与外部进行物质交换。这个世界就是一个薄膜里的世界,我们在边界关系中发展成长,家庭教育深受家庭边界关系的影响。

一、家庭关系对家庭教育影响的案例

> **案例1-1**
>
> ### 休学的女生小薇
>
> 　　小薇妈妈于 2020 年 11 月和 2021 年 1 月两次来寻求家庭教育咨询,女儿小薇七年级,现在不肯去上学。
>
> 　　家庭背景:小薇父亲是本地户籍,妈妈来自外省。他们一家三口与小薇伯父一家三口(小薇有一个比她大

2岁的堂哥)和小薇爷爷奶奶,共 8 个人住在一栋别墅里。该别墅产权在小薇爷爷名下,在房地产业开发早期,爷爷遇到机缘买下来,现在房子已经增值很多倍。因为对房子未来所有权的争议和隐忧,小薇家和伯父家关系一直处于冷战状态,虽然住在同一个屋檐下,基本没有互动往来,两个孩子间也没有交集。据小薇妈妈说,主要是伯父家担心房子会被侵占。老人一直不表态,所以现在大家都僵持着。

教育背景:小薇小时候爷爷奶奶带得多,她出生时他们全家就住在这个地方了。上学以后,妈妈管理女儿学习比较多。小薇妈妈觉得小薇现在不愿意学习,可能跟自己之前对她太严格有关系。她会动手打女儿,而且出手比较重;女儿总招惹父母生气,有时候还会出现小薇被父母双打的局面。但是,怎么打也没用,小薇学习还是不用心,学习成绩还是不好。从 2020 年 10 月份开始,小薇干脆不愿意去读书了。父母说不动她,现在也不敢再跟她来硬的,怕万一出问题。小薇现在的时间主要花在用手机看网络小说上;也会去社会培训机构参加画画和写字的课程。这期间妈妈和就读学校的老师也沟通过,老师建议家长在家庭教育上做些调整。

第一次咨询，建议妈妈此时不要太在意小薇不去学校、成绩不好怎么办的问题，而是要关注小薇不想去学校的心理——哪些因素促成她不想去学校的。基于小薇自己不愿前来参与家庭教育咨询，所以咨询老师建议小薇妈妈先尝试以下四点：

1. 这一个阶段不要再提学习成绩的话题。允许小薇在家学习（疫情期间，学生已经习惯网上学习，拥有了网上学习的经验）；因为小薇表示要去参加期末考试，所以，可以讨论如何通过网课学习，一样把考试考好。

2. 跟小薇聊聊学习之外的事情，尤其是对她在网上阅读的小说和玩的游戏，父母不要一概反对。以两代人的差异为契机，向孩子请教属于青少年世界的话题，去了解女儿的关注点，并站在时代发展的视角去理解女儿和这一代00后的年轻人。创造比较和谐的家庭餐桌文化：吃饭时，你们讨论什么？而不是吃饭时你教导女儿什么。

3. 主动解决家庭内部不和谐的僵持局面，可以和女儿讨论你们自己正在装修的房子。比如：内部家具，摆设，以后生活画面的想象……让女儿参与家庭决策，对女儿有好处。

4. 小薇喜欢画画,并且正在社会培训机构学习绘画,那就鼓励她把这个兴趣爱好发扬好,继续画。并且讨论讨论本地区书画界的人和事,可以考虑给女儿介绍一个更合适的师父——书画界讲究师徒传承,这个可能对女儿有好处,也匹配她的需求。

2021年1月,小薇妈妈请求第二次面谈咨询,女儿依旧不愿意来。

小薇妈妈反映:小薇近期画画写字课也不想去了。平时大部分时间都在看网络小说。妈妈给小薇请了大学生来家里辅导学习,孩子不排斥。妈妈说小薇不愿意跟父母沟通,但会在大学生来辅导功课时跟大学生聊聊天。妈妈觉得有个大学生为孩子辅导功课,期末考试成绩也不会太差。而且还能从大学生这里了解到女儿的想法,得到些反馈,这样挺好。就是孩子不愿意跟父母沟通怎么办? 一直不想去学校怎么办?

咨询老师问小薇妈妈:"上次来,我们讨论了什么?回去以后,有没有尝试过改变?"

小薇妈妈说:"你是说房子的事情吗? 要到三月份才可以搬过去,快了。我就怕过了年开学,她还不肯去学校,怎么办? 可不可以休学? 老师,你有没有办法?"

咨询老师看着小薇妈妈，微笑着说："休学的事，我帮不上忙。你请的那个大学生，是男的还是女的？"

小薇妈妈："男的。"

咨询老师："这个你要当心哦。"

小薇妈妈："当心什么？"

咨询老师："你女儿是青春期女孩子，对方是个男孩子；你确信你知道他们在聊什么？"

小薇妈妈："这个应该不要紧，那个男孩子挺好的。我想小薇总不跟人说话，怕她自我封闭或者抑郁，心理出问题。有个人说说话，总归是好的。"

咨询老师："小薇不跟你说话，不等于不跟别人说话；关在家里不出门不等于自我封闭或抑郁。"

小薇妈妈："她不肯去，说自己没有心理毛病；想叫她到你这儿来，她也不肯来。"

咨询老师："嗯，这很正常，你一个人来也可以；她未必一定要来。她现在不是功课落下了要不要补功课的问题。这个大学生帮不上你女儿，主要得靠你自己，你和你爱人一起行动，才有可能帮上她。想通过直接找个人来帮到你女儿，很难。"

……

小薇妈妈还在想通过别人的努力、别人的智慧、别人的力量，来改变她的女儿。这种父母很多见。很多青少年学习行为出了问题，都有一个老想着动脑筋"搞定"孩子的妈妈。"搞定"这个词很贴切，就是按照"我"的意图和安排让"你"就范的意思。可惜，教育孩子，是给孩子提供支持，而不是"搞定"孩子。

　　最为关键的是，小薇所处的家庭关系，决定了小薇父母长辈的语境和心境；小薇父母长辈的语境和心境，影响着小薇的自我认同和心境，进而影响着小薇的生活和学习行为；小薇的行为又转而影响着父母长辈的语境和心境。一个魔圈盘旋在小薇头顶，包裹着生命情感。

二、家庭中的多元因素决定了亲子关系

　　这是一个母亲来寻求帮助，而女儿不愿意配合的典型家庭教育困境案例。大部分家庭教育个案咨询，都是家长需要咨询而孩子不愿意接受咨询。这既是普遍存在的家长焦虑的真实反映，也是造成家庭教育困难的实际原因——焦虑的家长自己把家庭教育推入陷阱而不能自拔，同时还限制了孩子的自由奔跑。把自由的雏鹰压抑成烦躁的井底之蛙。案例中小薇妈妈前来寻求帮助，是因为她已经走投无路，在女儿面前失去了教育有效性，甚至失去了作为一个

家长的基本影响力,女儿已经把妈妈拒绝在心灵门户之外。

(一)谁决定了亲子关系状态

毫无疑问是父母决定了亲子关系。就像案例所述,小薇妈妈自己总结"可能以前管得太严了,打得太多了,有时候还双打"的情况,确实是造成现今母女关系和亲子关系紧张的因素。但它还只是一个可以意识到和能够表达出来的因素,还有更深层次、难以表达的基础层因素(这个后面再分析)。为什么要特意强调"母女关系"和"亲子关系"?因为母女关系是亲子关系的一部分,亲子关系中还有一个父亲,在小薇的心理世界中,可能这个父亲更加令人失望,是一个令人失望的男人和父亲。

1. 小薇母亲的性格特征

在咨询中,小薇母亲的性格特征已经明显表露出来。这位做了十几年母亲的女性,是一个在事业上爱钻研的技术人员。她擅长用道理去分析和判断,擅长用理性去说服,却不擅长用心去体会。她是一个对情感比较迟钝的人。当她据理力争却无法说服别人的时候,她就恼火——挫败感令她恼火,实际上这是种攻击行为。面对女儿,当这位妈妈的"理性教育"方式不能令女儿俯首听命的时候,她就遭遇了强大的挫败感,她就开始发飙,甚至动手打女儿。

其实,小薇妈妈在任何公开场合都是温文尔雅的,她的理性分析永远提醒着她要注意自我形象。她一般都会与人保持适当距离，以确保自我安全，所以也不会与人发生冲突，除非在必要场合进行学术争论或者政治争论，她可能跟你争个半天。说服她很难，跟她保持距离很容易；被她说服很容易，她也不跟你亲近。所以，在外人看来，她怎么会暴怒、甚至动手打人呢？

2. 小薇妈妈爱女儿的方式

小薇妈妈是一个带着距离经营人生的人。但是，女儿不一样。母女连心是一体的，小薇妈妈爱女儿是自然不必证明的事情。小薇妈妈爱女儿的方式和效果，受到她自己性格特征和思维模式的影响而不自知。

爱女儿，所以她想尽办法让女儿学本事。认知是有一个不断累积和建构的过程的，小薇妈妈对如何可以在学校获得好的分数，如何学习知识，如何考试成绩好一点，如何努力，如何超越别人……都有她自己的观念，这些观念有些来自她自己的学习成长经验，有些来自社会，特别是关于教育和补课等方面的流行语、流行行为。她的教育方式，就是把这些她认为好的、正确的（其实是经过她自己的认知过滤的，她自己感觉安全的）办法和策略，转变成一种要求，去教育女儿（实际上是灌输和命令女儿）。

小薇妈妈教育孩子时自然表现出来的爱的方式，来自于她自己比较凸显的性格特征，以及由此带来的认知局限。这种性格特征的背后是她自己的心灵深处的"不安全"感，我们给它取一个比较形象的名称，叫做"安全感漏洞"。小薇妈妈的安全感漏洞是"我害怕别人知道我没本事，我的能力不够——世界需要有本领的人，我要有本领，不然会被世界抛弃"。在这个漏洞里，"世界"就是小薇妈妈从幼年时期就感知到的我们今天称为"环境"的全部，包括那个养育她的人和人群（家庭—社会）。这是一种"不然会被世界抛弃"的恐惧，它促进了小薇妈妈的个人发展，也限制了小薇妈妈的个人发展，发展的成果就是变成今天这样一个性格特征凸显的女性。

这种性格特征决定了小薇妈妈爱女儿的时候听不到别人的意见和想法，顾及不到别人的情绪和体验，甚至可能选择性倾听而遗漏了重要的信息。在案例中，第一次来咨询时，咨询老师明明提供了四个建议，让她回去尝试；当她第二次来咨询的时候，咨询老师问了这个问题，她的反馈证明她根本就没有去尝试，并且只记住了她自己认为对的信息。

咨询老师问小薇妈妈："上次来，我们讨论了什么？回去以后，有没有尝试过改变？"

小薇妈妈说："你是说房子的事情吗？要到三月份才可以搬过去，快了。我就怕过了年开学，她还不肯去学校，怎么办？可不可以休学？老师，你有没有办法？"

而且，小薇妈妈的注意力并不在讨论的语境中。她只是要来寻求她的解决方案的答案和资源。答案变成了问题："我就怕过了年开学，她还不肯去学校，怎么办？可不可以休学？老师，你有没有办法？"

现在所发生的情形，已经告诉了咨询老师小薇的境遇。妈妈听不见女儿在说什么，一股脑儿把女儿塞进她的安排里。也不害怕自己是否会弄错，实际上她"不愿意考虑是否自己做错了"只是一种习惯。这个细节很形象地反映出了小薇妈妈的特征，耐人寻味：

咨询老师看着小薇妈妈，微笑着说："休学的事，我帮不上忙。你请的那个大学生，是男的还是女的？"

小薇妈妈："男的。"

咨询老师："这个你要当心哦。"

小薇妈妈："当心什么？"

咨询老师："你女儿是青春期女孩子，对方是个男孩子；你确信你知道他们在聊什么？"

小薇妈妈："这个应该不要紧，那个男孩子挺好的。我想小薇总不跟人说话，怕她自我封闭或者抑郁，心理出问题。有个人说说话，总归是好的。"（注：大学生来家教，是父母上班时间，家里没有其他成年人）

不妨做一个假设推演：如果那个男生和小薇有了来自异性好奇或者好感等因素引发的接触，有了性的遐思或反应或行为。妈妈把男生告诉她的小薇学习方面的信息作为对女儿教育的参考依据，当她跟女儿聊相关话题的时候（比如妈妈对女儿说"大学生说你在英语单词上的记忆能力其实是可以的，就是平时功夫花得少了点"），女儿心里想到的却是另一番场景和体验，此时妈妈的一本正经和振振有词，在女儿这里算什么？眼睛里看不到对方，陷在自己的思维定势里——这几乎是小薇妈妈在家庭教育方面死穴一般的软肋。但她不是故意的，她就是这样一个人。

3. 小薇所受到的教育感受

每一个人都希望被看见。孩子也希望被看见，尤其是希望被父母看见。什么叫被看见，并不是说每天在同一个屋檐下就是被看见了，也不是说你天天在教导他就是被看见了，而是说你知道了他的长处、优点、想法、期望、难处、求助、困惑等，才叫被看见。小薇没有被看见，她妈妈只看见她不肯去读书、每天玩游戏、中考将彻底落败、未来将令人失望。小薇妈妈也从来不认为自己不重视孩子、不爱孩子，相反她认为自己已经操碎了心，现在还加上了伤心和担心。

在本套丛书的《学习管理与家庭教育》一书中，我们提出"以学习者为中心的学习和学习管理"，就是期望更多的家长可以看见自己的孩子,看见孩子的实际情况、真实需求和未来希望。唯有如此,你对孩子的爱才有可能转化成真正有效的家庭教育行为,帮助孩子更好成长。否则,当你不断指责你的孩子,你的孩子不会因此不爱你,但他们会停止爱自己。小薇身上就发生了"停止爱自己"的可悲变化。

(二) 在位而有缺陷的父爱

俗话说"没妈的孩子像根草,有妈的孩子是块宝",还有人说"父爱的缺席,会让孩子缺乏力量感"。小薇父母双全,他们身体都很健康,观点一致,有时候还发生对女儿的"双打"现象。可是,小薇也依然出现了问题,那么,小薇的父亲对女儿有什么样的影响呢?

请想象一下小薇遭遇父母"双打"的场景,再想象一下场景外围的隔壁有耳(这个别墅里还住着小薇的爷爷奶奶和伯父一家,并且小薇家跟伯父家关系处于互相设防对立状态)的背景,然后你再闭眼体会一下小薇对父亲的感受。小薇对父亲是失望的,当妈妈生气恼火的时候,如果小薇确实犯了需要如此惩罚的错误,那没得说;如果不是,那么父亲的没有主见会赫然呈现。联系一下小薇所生活的这栋别墅的家庭关系,不难理解她对父亲的失望。

在中国家庭文化中,小薇家和伯父家就是一家人,一家人关系僵硬到这样,小薇爸爸是否有责任? 至少他不愿意、不敢或者不能与自己哥哥相互扶持、相互帮衬、相互理解、相互体谅。这个家庭总共八个人,目前处于孩子最不愿意接受的关系状态中。

小薇父亲在位而功能缺陷,这对小薇的成长是很糟糕的影响。造成小薇父亲如此状况的,有两个方面的原因:一则是他的婚姻融合没有顺利完成,二则是他的个人勇气被压抑。这里面包含着深层次的家庭心理能量的动力关系,也就是海灵格思想中的"良知"在起作用。从海灵格家庭排列的角度来理解,小薇的情况变糟糕,是良知在起作用。

(三)小薇心底可能的安全感漏洞

借用信息科技专用术语"漏洞"来形容我们的安全感,是比较合适的。很少有人一点安全感都没有,也很少有人具备饱满的安全感,大部分人的安全感中存在一些漏洞。这些漏洞来自环境与内在的相互作用:来自环境中的刺激搅动起内部的波涛,于是我们通过一些行为反应来回应环境,换取内部的安全感觉。这个过程逐渐惯性化,形成个性特征。

显然,与她的同龄人相比,小薇对自己家庭的认知是存在困扰的。爷爷奶奶、伯父伯母这些包含着亲缘情感色彩的称谓,在小薇的内心词典里,含义是否不确定和模糊?在这些称谓前面是否能加上"亲爱的"三个字？她不确定，也不能。她想拥有加上去的感觉吗？她想。但她想而又不能够做到，这就是困扰。这种困扰消耗着小薇的心理能量，这就是心理安全感的漏洞，她需要去填补和修复。再加上爸爸妈妈用他们以为有效的棍棒教育来促进小薇的进步，实际是对小薇的负面影响。小薇的心理基底并不需要棍棒教育，她需要的是温情教育，她需要的是家庭修复的能量，她需要的是父母把家庭建设好的美好体验。现在，父母自身作为儿子、媳妇、弟弟、弟媳的角色和功能都没有做好，却以如此强势要求女儿做好自己。良知，促使小薇内心不知名的力量回应给父母的是"不服"两个字。所以，母亲觉得女儿已经不接受她的教育，沟通已经不存在，女儿陷入了自我封闭的危险境地。实际上，女儿只是把自己当成炮弹，向这个不合理、不公正、不顺利、不舒畅的世界宣战。她不喜欢这个世界（她的世界并不大，也就局限在家庭和学校一隅）。

今天，在校园里像小薇这样存在各种心理安全感漏洞的学生人数不少，主要原因来自他们的家庭。

三、从根源上改善家庭关系对家庭教育的影响

作为家庭教育指导工作，对小薇的帮助，不是靠教育宣传能解决的，需要实施家庭教育个案咨询服务。跟大部分

家庭教育个案咨询一样，当事人学生不愿意、不配合，家长着急焦虑要寻求"灵丹妙药"以帮助孩子走出困局。实际上，虽然说生命情感之根长在自己身上，小薇境况的根源不在她自己身上，而在她所扎根的土壤里。理解根源包括"根"和"源"两部分。

小薇的根之源在妈妈和爸爸身上。

基于个人认知局限、惯性思维和惯性行为，小薇妈妈即便在第一次咨询面谈之后，也没有真正意识到问题的根源在她和她的爱人以及他们俩的关系状态上。这个关系状态涉及小薇父母的婚姻融合，以及他们身处其中的中国文化环境中的婚姻融合，从家庭发展角度来观察，他们的婚姻融合没有完成。关于这一部分的知识，后文会有详细介绍。说到小薇父母的认知局限、性格特征、惯性行为和关系状态，我们自然会想到"家庭疗法"。虽然在心理咨询领域，"家庭疗法"成为了流行语，但是，对于"家庭疗法"是通过家庭中关联因素的调适来疗愈个人，还是疗愈家庭，使之趋于和谐、功能完善？绝大部分心理学工作人员自己也常有不同的观点和看法。

我们实施家庭教育咨询，不是心理咨询或心理治疗，所以，我们引用部分家庭治疗的理念和方法，运用一些心理咨询的技术，都是围绕一个目标：改善家庭教育环境，促进家庭教育的效能,帮助孩子走出困境,更好发展。

（一）改变认知不等于认知疗法

认知疗法(即 ABC 疗法)的面询技术,可以在面询谈话的时刻,点醒小薇妈妈发现自己的认知误区。要改变小薇妈妈对教育、家庭教育和女儿成长的认知,还需要给予她知识援助和信息资讯。就像本套丛书《家庭文化与家庭教育》第三章的家庭教育个案咨询范例那样,那个案例中的妈妈,在接受了第一次咨询后,进行了一系列的学习,对家庭教育有了基本完整的科学的认知,因而也敢于纠正公公的不合理行为,为孩子的转变创造了条件。我们把这种环境条件的转化,称为优化家庭教育的环境。

小薇爸爸要改变的不仅仅是对家庭教育的认知局限问题,更主要的是他自己的性格局限问题。他的性格特征未必会让他有什么心理问题或者生活妨碍,但是他的性格特征妨碍了他的家庭功能,也影响了别人的家庭功能。把头埋进沙子的骆驼看不见远方,小薇的爸爸无法带给女儿远方的风景,他只能任由生活中的各种力量把自己推来撞去,寄希望和听命于比他强势而同样是迷途羔羊的妻子。小薇由此失去了生命中最重要的力量来源。面对极具挑战性的学习和不可确认的未来,她退缩了——这是一种全线溃败的退缩。

而此时,小薇妈妈希望借助外界的力量,帮助小薇发生行为向好的变化。她安排了一个大学生,还迫切希望咨询老师能否给她介绍某个专家带教小薇,她一定还会想其他的路径和办法去"搞定"自己的女儿。所有这些不往内部寻找原因,不从根源处下手而求助于外的行为,基本都徒劳无功,甚至是火上浇油,会让情况变得更加糟糕。

（二）海灵格的家庭排列可以解决部分问题

尽管心理学界对海灵格的学说各有说辞、褒贬不一,但对于受益者来说,学术界的高度统一并不重要,况且海灵格思想注重的家庭系统关系,与中国人的家庭观念相当吻合。所以,我们在大量的实践中发现,它可以帮助改善家庭关系,提高个体生命质量。

父母与孩子之间存在爱的序位关系。亲子之间爱的序位的主要原则是:父母给予而孩子接受。人们有能力给予是因为过去曾得到父母付出的爱;孩子能够接受是因为未来他们也将给予他们的孩子。先从他人身上获得的人,在未来必须要为下一代付出更多。下一代也许会有获得大于付出的情形,但是一旦有足够的获得,他们会为随之而来的人付出更多。如此,不论是接受者或是付出者,都将遵循着相同的序位和法则。这样的施与受的序位也同样适用于手足关系。哥哥姐姐都必须为弟弟妹妹付出，而弟弟妹妹都必须要接受来自哥哥姐姐的给予。这代表着老大照顾老二和老幺；老二接受来自老大的照顾并且为老幺付出更多；而老幺则接受来自老大和老二的照顾。老大付出最多，老幺则得到最多；而老幺常常以照顾年迈的父母作为回报。

有没有发现，海灵格思想所呈现的，也正是我们中国人习惯的家庭生活画面。小薇家庭中这种爱的序位被阻隔，里面还交织着其他关系纠葛。其中一个变量是两位媳妇（小薇的妈妈和伯母）的进入，她们是这个家庭变化的重要因素。暂且不论她们可能有各自原生家庭的情感纠葛，单就进入家庭之后所引发的第二个变量，即小薇爸爸和伯父的应变来说，整个家庭进入一个打破原有平衡关系的震动时期。显然，这么多年过去了，家庭没有完成幸福的整合。我们把这理解为婚姻融合的一部分出了问题。

用海灵格的家庭排列给这个家庭调整爱的能量和运行，是一个不错的选择。关于海灵格的家庭排列，以及家庭中的婚姻融合，后文有比较详细的介绍，这里暂不展开。

（三）必要的物理手段也是可选的

小薇父母正在装修另外一套他们自己购买的房子。小薇妈妈不能确定是否需要一家三口搬出这栋别墅，独立居住到自己购买的房子里去。咨询老师赞同并鼓励小薇妈妈采取与老人和伯父家分开居住的方式，这种物理上的距离感在一定程度上有利于收拢小薇的心理能量，也有利于减少大家庭内的情绪对抗和互相猜忌。

在家庭教育个案咨询中，我们经常碰到"核心家庭模糊"的问题。核心家庭，你可以这样理解：家庭功能的独立单元。分开居住，小薇会明确她和父母的三口之家是"我们家"，伯父的家可以理解为亲戚家，而爷爷奶奶的家是"我们家"的延伸。这是一种自然而然的心理边界关系。

明确和管理好边界关系，有助于稳定心理安全感。

小薇案例带来的启发：

家庭关系很重要，它影响孩子的成长；婚姻融合很重要，它影响家庭关系；家庭中存在看不见的关系动力，它的能量很强大。家庭教育在很大程度上受制于家庭关系。改善和优化家庭教育环境，要从调整家庭关系入手；调整家庭关系，要从改变家庭成员的认知入手；而改变家庭成员的认知，从矛盾纠葛中入手最为便捷。

家庭关系中存在一种我们称之为"家庭系统动力"的能量关系。所谓家庭系统动力，是透过过去理解现在，透过家庭背景理解对象，透过系统理解个体。它可以分成不同的层面。我们可以看到孩子有时候会表现出诸如上课注意力不集中、作业拖延、容易粗心、不喜欢某些课程等行为，以及易怒、害怕等情绪困扰。这中间有很多因素在起作用。作为给出帮助行为的家庭教育咨询，我们需要发现核心矛盾和矛盾的主要方面，利用心理疏导的方法来实施家庭教育指导，支持家长和他们的孩子，配合学校或者其他社会支持系统，帮助孩子更好更健康地成长。

一、系统排列可以调适动力关系

在家庭中，除了常见的比较浅层的系统动力以外，还有一些更深层面的系统动力，可能会在孩子的发展过程中，产生一些负面影响。

很多看起来莫名其妙的行为问题,背后隐藏着家庭系统更深层的动力,它会对孩子的发展产生负面影响,引发孩子产生一些莫名的情绪表现和超乎寻常的行为反应。那么,对于这部分,相比于经典精神分析疗法,家庭系统排列或内在系统排列等方法,比较容易更深入地去看到孩子的表现,或者症状更深的原因。当我们去找到这个原因时,就有可能引导这份深层系统动力,把负面影响转化为正面影响。

我们在家庭教育的过程中,经常会讲到孩子的症状,特别是一个未满 18 周岁的孩子,他的人格没有完全形成前所出现的某些症状,有可能是家庭系统内部出现问题的指示灯。好比车上的油箱指示灯开始闪了,怎么办?此时,如果我们把这个指示灯敲碎,就可以继续把车开下去吗?当然不行。我们需要探索的是指示灯背后真正的动力是什么,真正的原因是什么。在一个核心家庭里面,当孩子出现一些莫名症状的时候,真正的原因很大可能是来自于隐藏在夫妻之间的深层问题,也有可能来自夫妻双方各自原生家族更深层的原因。

当我们找到这个原因并正确引导,这个症状就有可能发生变化,甚至会消失。逐渐发现家庭中更深层的爱的流动,能更好地支持孩子的身心成长。

二、爱的"纠缠"可能对孩子发展造成负面影响

父母的原生家庭中，如果有一些"未被看见""被排斥的"，甚至是羞于启齿的家族成员及其相关重大事件，那么家族后代的成员中，尤其是孩子，有可能会"认同"或"承接"那位家族成员曾经的痛苦情绪、感受和行为模式，这就是爱的"纠缠"。这个心理现象学概念来自于家庭系统排列，在家庭系统动力中出现的，家族成员之间非常相似的情绪感受和行为模式。

爱的"纠缠"可能对孩子的身心、人格发展产生负面影响。短期影响可能表现为孩子突发莫名的害怕、抑郁、烦躁等负面情绪。在学习上可能出现如成绩突然下降、厌学等现象。在关系上可能出现与父母、老师、同学之间关系的骤然紧张。面对此类问题，父母常会束手无策、苦恼不已。如果问题长期得不到解决，有可能不利于孩子的身心健康及人格成熟，还可能会影响家庭和睦。因此，当父母发现孩子出现莫名、突发的怯懦、暴怒、厌学、恐惧、没有安全感、亲子关系紧张等现象，通过排除如校园霸凌或父母关系骤变、家庭突发事件等原因外，如果常用的心理辅导效果不明显，那么可以考虑是否因为家庭系统中爱的"纠缠"，才引发了孩子莫名或突发的症状。这时，具备能力的家庭教育指导师

可以支持家庭尝试解开爱的"纠缠",促进孩子身心的健康发展和家庭的和谐氛围。

三、解开爱的"纠缠",促进孩子生命成长

接下来我们举例说明如何从家庭深层系统动力着手,解开爱的"纠缠",促进孩子及其家长的生命成长,甚至为整个家庭带来和谐与幸福。

◉ 案例1-2

妈妈的恐惧

2020年6月,一位姓李的女士找到我们,诉说她8岁的女儿最近常常莫名其妙地感到恐慌和害怕,特别是当李女士生气的时候,孩子就像吓坏了的小猫一样,眼神中充满着惊恐,全身瑟瑟发抖。妈妈曾经帮助孩子找过一些心理咨询师,妈妈自己也进行了心理辅导,孩子的症状却没有很大改善。于是,经心理咨询师介绍,抱着试试看的心态找到我们。

我们在陪伴和辅导李女士的过程中,询问为什么她生气的时候,孩子会如此恐慌和害怕,而且这种害怕是超乎寻常的。李女士说,作为母亲,她也感觉非常奇怪。

于是，我们继续问她，看到孩子害怕到极至，全身发抖，她会想起什么？或者在她生命中，会想起什么片段？李女士说，看到女儿那种痛苦的表情和身体莫名的颤抖，她自己身体也会有反应。

于是，我们引导李女士去细细体会这个反应："回想你的过去，这种感觉是否熟悉，你自己曾经有没有类似的经历？"慢慢的，李女士想起来了，在她很小的时候，自己的妈妈生气的时候，她也会非常害怕和恐惧，自己当年的表现也和现在的女儿一样，颤抖、痛苦、惊恐。

我们陪着李女士继续探索，发现她内在所呈现出的画面发生在她差不多五六岁的时候。当时，她的妈妈经常突然情绪失控，对那时的她有语言上的暴力，说了很多不堪入耳的话，有时还伴随身体暴力。

因此，我们就支持李女士先疗愈"内在小孩"的创伤部分。所谓内在小孩，是指很多人虽然已长大，却因小时候没有被满足的需求、不被允许的情绪或被伤害的经验，在内心里还存留着一个脆弱、受伤、需要被关心的童稚小孩。

我们陪伴李女士继续回想儿时那个受伤的自己，在回想那个场景的时候，李女士说："开始感到内心慌乱，头部很紧，双脚冰冷，身体收缩，十个脚趾痉挛弯曲，胸口感觉是压迫的，背部冰凉。"到此时，她的躯体的症状全部呈现出来了。我们支持李女士体验这份曾经的恐慌留存在身体上的记忆，引导她通过呼吸和发声等方法，让自己的身体充分地去体验这个曾经被压抑的感受，那份儿时的自己在被妈妈语言攻击或者殴打过程中产生的身体上的紧张。

我们帮助李女士看到，现在她与女儿之间的经历，无形中重复了她自己儿时与母亲之间的经历。

所以，需要首先解开的是，李女士自己曾经在跟妈妈相处过程中内在受伤的小孩子这部分。在此过程中，作为家庭指导师的我们，耐心陪伴等待她看到自己内在的这个部分，让她充分地体验身体的感觉，并且营造和维持一个安全的空间，让这个曾经被压抑的创伤能量得以安全地释放。

李女士身体不断地发生变化，不仅开始流眼泪，而且伴有身体发抖、冰凉。慢慢的，随着哭泣，曾经的委屈和悲伤一点一点、一层一层地释放。20多分钟后，李女士感觉身体开始平静，心口放松，腹部也开始变温暖了，腿部的紧张也消失了。这个时候，我们继续引导她，让她闭着眼睛，去看一看，她的内在画面里，自己作为女儿，作为那个五六岁的小女孩，现在表情是否有变化？李女士照做后，说，内在画面中五六岁的自己开始微笑，表情很放松。也就是说，李女士内在的画面有了变化。

就这样，我们陪伴李女士，在她的内在，去经历她曾经作为女儿时所经历的创伤，安全地释放了包括压抑的情绪和卡顿的身体能量，进行了一次完整的创伤疗愈过程。

之后，李女士还做过几次辅导，不断完整这个体验，主要并不是在意识层面，而是让她更多在身体层面体验这个创伤带来的冻结或者卡住的能量，在感觉到安全和"被允许"的氛围下，一次次地释放。渐渐的，李女士反馈说，她自己发生了很大变化：身体越来越放松，曾经被家暴的内在画面越来越淡，画面里那个作为她自己的小女孩，没有那么多委屈和害怕了，她更加快乐了。并且，在现实生活中，李女士的女儿突发惊恐慌乱的症状消失了，取而代之的是女儿更放松地爱妈妈了，母女之间有更深的爱在流动。

在此期间，从我们收集到的一些关于李女士的资料中发现，李女士出生于农村，是家里第三个女儿，上面有两个姐姐。当时，已经实行计划生育了。在她出生的时候，她母亲知道又是一个女儿后，曾经决定把这第三个女儿扔到外面，让她自生自灭。也就是说，李女士在出生时是曾经被妈妈"抛弃"的。当李女士讲到这些过去的时候，身体就会发冷。此时，我们进一步陪伴她经历这个曾经被抛弃的感觉。因为，这种"被抛弃"的经历会在躯体上感受到。

随后，我们继续陪伴李女士去慢慢经验，她是怎样活下来的？在关于出生的描述中，她爸爸曾经告诉她，说李女士作为新生的婴儿被妈妈放在屋外，是李女士的父亲不忍心，才把孩子抱了回来，找医生把脐带结扎好。曾听爸爸描述，当时，作为出生才一天的自己，被爸爸抱回来时，都冻得快没气了。找医生扎完脐带后，又发高烧到40多度。可见，李女士的爸爸是非常爱她的。

在前几次的心理辅导中，我们发现，李女士讲到妈妈就会非常紧张、愤怒和压抑。当所有的这些情绪释放出来以后，她内在曾经受伤的小孩开始慢慢感觉安全。与之形成强烈反差的是来自爸爸的爱。

有一次，当李女士讲到自己是如何被爸爸救回来的这段经历时,又回忆起一段插曲:其实李女士的父亲一直以来是会晕针的。就是这样一位父亲,为了他最小的女儿,主动去找医生,求医生无论如何都要施救,给高烧四十多度快没命的女儿吊针、输液,持续三天三夜。令人惊讶的是,那个时候的父亲竟然完全不晕针。最终李女士烧退,存活了下来。

李女士讲到这段经历时,有很多触动。于是,我们就引导她看见,当时的父亲为了救活她,甚至把自己对扎针的巨大恐惧都忘了。这时,李女士感受到了来自父亲的那份爱。突然之间,李女士感觉到,父亲在她生命中的重要意义。那一天,如果父亲不在,自己就不可能活下来。刹那间,李女士就感觉到了自己跟父亲之间那个很深的连接,感受到来自于默默无闻却心地善良的父亲的深厚的爱。经过40年的时间,她终于从内在,感觉到了父亲的爱。因为父亲给了她第二次生命。这是一个神圣的时刻!在那一刻,李女士找回了对自己内在非常重要的生命源头之一——父亲的爱的连接。

当李女士的内在跟父亲连接上以后,马上就感觉到后背很有力量。虽然当时李女士在上海工作,父亲在老家,然而,当我们让她感受这个画面的时候,突然之间,她就感觉到,从小开始就有的与父亲之间的内在连接,终于开始浮现上来了。虽然父亲一向寡言少语,但是,李女士的内心一下子感受到了父爱如山。在这个部分被激发出来以后,李女士内在强大的"父亲"力量和感动便出现了。

就是因为这份力量的启动,李女士后来反馈给我们,她感觉自己越来越有力量,无论是在日常工作中,还是面对权威,都有所展现。以前,李女士对于工作中出现的挑战,很容易畏惧退缩。如今,却越来越有自信,能够更好地表达了。

此外,表现在亲子关系中,女儿不再那么紧张。虽然有时候李女士也会生气,但是,她的生气不像原来那么激烈。而女儿看到她生气的时候,也不会那么恐慌了。即使女儿在刚开始时会有点退缩,但竟然会主动对妈妈讲:"妈妈,我知道你生气了,但是我能感觉到你对我的爱。"可见,在此过程中,母女关系发生了根本改变,8岁的女儿感觉到妈妈的爱。这是李女士在完成几次个案咨询之后带给我们的一个反馈。

案例分析

1. 家长需要疗愈自己,才能帮到孩子

在上面的这个案例中,我们可以发现,在现有家庭里面，孩子所呈现的超出正常的莫名恐慌症状，背后可能的原因是什么呢？是触发了妈妈自己小时候的创伤。在创伤被触发之后，李女士复制了自己母亲曾经对她的那种生气和失控的样子。李女士说，她小时候看到妈妈情绪失控的样子，会感到害怕和惊恐，全身瑟瑟发抖，像极了现在八岁的女儿呈现出来的症状。

这个症状是来提醒李女士，作为家长，她自己身上的卡点，也就是她儿时经历的创伤。这个创伤，不仅包括母亲对李女士的曾经的辱骂和殴打，还有她出生后被抛弃的经历。

正因为如此，李女士说，曾经在任何群体中，她都会深深感觉到被排挤和被抛弃。而这种感觉，恰恰就有可能来自于她小的时候，在原生家庭里跟妈妈相处的经历。

虽然李女士很优秀，是国企的高管，却一直感觉内在活得很累，有一种深深的被抛弃感。当这种被抛弃感找到答案以后，李女士发生了一些深层的变化。

在陪伴她经历这个变化的过程中，让她释放曾经压在心里的那些恐惧和害怕。只有面对，她的创伤才有可能会疗愈。

2. 找寻内在爱的源头是疗愈的关键

此外，前面描述到她父亲，李女士是在我们帮助她找到资源的时候讲述这一段的。当她讲到这段的时候，突然之间就连接上了父亲的爱,在内心和身体上,都能强烈感受到。这让李女士充分地连接上了她生命中,一直隐藏在家庭系统深层的,父亲对她的爱这一强大资源。当李女士在身体上充分体验这个重要生命资源以后,自然而然地发生了很大的变化,内在的创伤从而不断地被疗愈。

3. 心理疗愈会带来身体层面的变化

经过几次辅导后,李女士发现自己的内在越来越放松。她的身体曾经非常紧张,40 年来呼吸一直很浅。经过创伤的疗愈,包括跟父亲的爱连接上之后,她的呼吸渐渐变深,从喉咙慢慢能走到心口和腹部,甚至达到更深的部分。随着呼吸开始加深,她发现自己的心量也变大了。

李女士后来还向我们反馈,她的骶骨包括后腰以下,以前是长期感到很紧张的。意想不到的是,经过我们几次辅导以后,身体的这些部位竟然开始暖起来,能感觉到可以灵活转动了。

4. 亲子关系的改善来自于家长的自我转型

就这样,经过几次辅导以后,她的女儿感觉到妈妈内心越来越强大的安全感,自然就愿意靠近母亲。同时,李女士自己也感觉到女儿越来越有安全感,并且越来越健康。

女儿的症状,带出了妈妈小时候的创伤,完成疗愈并收获人生宝贵资源。最终,我们看到的结果是,妈妈获得了自我成长,同时自然而然使得孩子的症状也发生了彻底改变。

案例1-3

"被遗忘"的孩子

2020年10月,一位姓王的母亲,她有一个读二年级的9岁女儿。

这位妈妈找到我们,诉说最近每当自己离开的时候,女儿就会非常痛苦,会突然在地上生气地打滚,拼命地哭,好像妈妈出去了就再也不回来了。以前,女儿不会有这样的反应。每当王女士想到这个经历,就会特别纠结和难过。此外,女儿的这种表现,也影响到她的学习和注意力。最近,女儿经常会黏着母亲,希望妈妈在身边,超过了10岁左右孩子的正常表现,反而更像是一个二三岁的小孩。以往,王女士也做过一些常规咨询和辅导,虽然有一些变化,但没有根本性转变。

像之前案例一样,我们对王女士小时候的一些创伤,先做了一定的回溯和开解,有了一定松动。后来,在一次陪伴王女士探索女儿为什么会在她离开时在地上打滚的原因时,我们问她,在这段婚姻中,这个十岁的女儿是不是她唯一的孩子？王女士回答说不是，在这个女儿出生之前，还有一个胎儿，是在妊娠两个多月的时候做了人工流产。

于是，我们针对王女士的这段经历开展工作。首先，请她放松，让她去回想堕胎时的场景。当想起这个部分的时候，她的腹部就感觉很紧张。然后，我们引导她去回看那个场景。她开始记起，自己在做人工流产的时候是很痛苦的。有一份很深沉的压抑、恐惧和悲伤开始浮现出来。在接下来的几分钟里，我们请这位王女士，允许自己去充分经验这份曾经被压制的感觉。在经历了悲伤之后，慢慢的，她的身体开始放松。她告诉我们，怀第一胎的时候吃了感冒药，由于担心感冒药会对孩子有影响，所以医生建议做人工流产。

这件事对她的影响很大。于是，我们便引导王女士和那个被堕胎的孩子的内在意象，进行内心对话。在内心对话的过程中，把自己曾经的那份无奈和原因都一一道来。王女士在对话中和孩子说："你是我的第一个孩子，我是你的妈妈。当时，我怀你的时候，刚开始并不知道，所以我吃了感冒药。当发现怀上了你的时候，担心对你的成长会有影响，所以在医生的建议下，以及和你

爸爸商量之后，才决定做人工流产的……"（王女士开始哭泣，心中压抑的，曾经的那份深层的愧疚，开始浮现上来）

然后，王女士继续说："很对不起，我和你爸爸做了这个决定。我们怀着愧疚，也承担着这个决定产生的后果。虽然，你当时只是在我的子宫里，呆过两个半月的时间，但是，你永远是我的第一个孩子。我带着爱，把你放在我心中一个重要的位置。你是属于我们这个家庭的。"

接着，我们引导王女士继续说："你后面有一个妹妹，所以，也请你祝福她，我们也祝福你。"

王女士这样做之后，慢慢的，她开始感觉腹部温暖，心口放松。那些曾经因为堕胎而压抑在身体和心里的愧疚、悔恨、恐惧慢慢松动和释放。经过一段时间后，王女士反馈，当她有时候离开女儿，女儿不再表现过激了，而是能感觉到妈妈对她的爱和安全感。注意力也好，学习力也好，都开始稳步提升。

案例分析

这个案例告诉我们，有时在家庭教育中，孩子在一段时间内，突然出现一些莫名的情绪或超乎正常孩子表现的一些反应，有可能是触碰到了前面讲到的家庭系统动力里的"纠缠"。

1. 孩子的异常表现可能指示家庭系统内被遗忘和压抑的痛苦

这个孩子感觉到的可能是谁的痛苦呢？有可能是感觉到了在她之前，来到这个家庭的那个孩子曾经的痛苦。在王女士的案例里，可能就是那个被堕胎的孩子曾经的痛苦。这就是爱的"纠缠"，或者牵连纠葛。王女士的女儿并没有经历过与母亲分离的过程，但是，她的感觉，更像是她前面的哥哥或姐姐，曾经历的与妈妈分离的痛苦。

于是，当孩子的症状指向未出生的孩子这部分的时候，我们工作的重点，就转到帮助王女士处理因第一个孩子堕胎造成的身心影响。

在这个家庭系统中，在妈妈的意识里，很有可能已经把第一个孩子遗忘了。但是，在妈妈的潜意识中，出于爱，并没有忘记第一个孩子。第二个孩子可能出于潜意识中对家庭成员的爱，会在无意识中去连接前面孩子的痛苦，或者连接妈妈由于堕胎而隐藏在身心记忆里的痛苦。

2. 感受和释放将痛苦转化为爱与祝福

当我们帮助王女士看见并感受因堕胎而带来的曾被压抑的痛苦，以及被堕胎的孩子的内在隐藏着的身心痛苦，感受到这份痛苦底下深深的爱。无意识中,她与之前被堕胎的孩子之间的一份很深的爱被唤醒的时候,爱便开始流动。

接着,当王女士真正接纳自己对第一个孩子的愧疚时,愧疚感下面的爱,才开始流动,并且带着爱对曾经的孩子,送上真挚的祝福。

于是,"和解"一个接一个发生了,最后因为爱的流动,现在的孩子就会自然而然地放下家庭过去的痛苦。此时,家庭中,爱的能量就会提升,从负面的能量转向正面的能量了。

3. 父母往往是需要被疗愈的主体

有些母亲做过人工流产后,会无意识地压抑曾经的痛苦。另外,被人工流产的孩子,也有可能被父母遗忘。那样的话,有可能对现在的孩子产生影响。比如,现在的孩子可能会呈现一些莫名的或突发的症状,有可能是现在的孩子"认同"了被人工流产的孩子的一些感觉,或者"认同"了父母曾经因为人工流产而压抑的痛苦情绪。

当我们针对妈妈或者爸爸这个真正的主体进行工作,指导他们完成属于他们的这部分功课时,也就可能让更深的爱随之流动,现有孩子的症状就很可能消失。孩子也就有可能正常地、更健康地成长,亲子关系也可能会更好了。

案例1-4

不愿被提及的弟弟

2020年9月，一位张女士找到我们。她有一个6岁的女儿在读幼儿园。幼儿园老师告诉张女士，她的女儿在幼儿园里经常表现出莫名的焦躁、愤怒、害怕，畏首畏尾，跟小朋友相处起来很困难。这位张女士带孩子去医院做了身体检查，没有任何体质问题。张女士说，女儿有时候会突然生气，或者是双腿发抖。针对6岁女儿表现出来的这些症状，张女士也找过心理咨询师辅导，有一定效果，但是这个症状还是会不断呈现。所以，她经人介绍找到我们。

案例分析

张女士的案例，我们不是按一对一的方式来做的，而是在两天的团体工作坊里呈现的。当时，在团体工作坊进行的过程中，张女士说，她在跟女儿相处的过程中，女儿也会呈现出莫名的、超乎一般孩子的缺乏耐心、焦躁，以及退缩、没有安全感的表现。

引发这个症状的原因是什么呢？这位6岁女儿的症状，更多像谁的感受呢？或者曾经历过什么呢？我们带着这样的疑问，在团体工作坊里，帮助张女士去探索可能的原因。张女士女儿的这份感受究竟来自于哪里？可能是受到了什么样的家族系统的"纠缠"或者"牵连纠葛"呢？

1. 孩子是家长的镜子,照见家长相似的身心症状

有意思的是,我们在工作坊中发现,张女士在进行团体个案的时候,也和女儿一样,呈现出没有耐心或焦躁的状态。当时,她是和她姐姐一起来参加工作坊的。她跟姐姐在工作坊进行过程中,也是不断地发生冲突,并且是超乎正常理智的冲突,她俩自己根本控制不住。

这表明有可能,张女士6岁的女儿"认同"了妈妈的这个部分。当然,女儿的这个"认同"是无意识的。"承接"的是张女士内心深处的缺乏耐心和焦躁感。所以,我们就通过团体个案的呈现,去探索为什么张女士会这样,为什么她会呈现出连她自己都控制不住的焦躁和缺乏耐心呢？

张女士说,她在工作中也好,社会关系中也好,也是经常焦虑的。虽然,她也练习瑜伽,也花了不少时间做心理成长的学习,看了很多心理书籍,参加讲座,知道了很多道理,但就是做不到心平气和。她常常被这份莫名的情绪所困扰。

2. 异常身心症状的背后可能是隐藏的家族秘密

张女士的个案呈现过程中,指导师询问张女士,在她的原生家庭里,有没有出现其他兄弟姐妹被遗弃的情形？张

女士说,她还有一个弟弟,出生以后就发现是先天性智力低下,10 岁时就夭折了。

随后,指导师就帮助张女士看到自己的原生家庭里面,存在这个羞于启齿,或者不愿意让更多外人了解的信息,也就是 10 岁的智障弟弟的夭折给这个家庭带来的影响。

3. 家长自己被卡在了原生家庭的系统动力中

我们发现,虽然,张女士在自己的核心家庭里有对女儿的烦躁,但她内心深处有很大的一个部分还卡顿在自己的原生家庭里面。她的内心为什么会烦躁呢? 很有可能是因为,姐姐和父母不愿意提起弟弟的过世,这种似乎在排斥弟弟的行为,让张女士感到非常的愤怒。

通过个案所呈现的,是这个弟弟的父母、他的姐姐都害怕去面对这个弟弟的智障及其 10 岁时的夭折。这个事件对原生家庭的影响非常大。很多时候,他们都可能尽量逃避,不愿意提及,当作好像没有发生过一样。

家庭其他成员,可能出于逃避痛苦的本能,在无意识中隐藏了这个事实。唯一在内心刻意记住弟弟的是张女士,她就会很痛苦,有很深的悲伤和纠结,在内心牵挂着这个弟弟。如此,她就没有办法在现有的家庭里面,有耐心地去面对孩子,而是给出更多的烦躁。可能,她的大部分牵挂还是在原生家庭里,曾经关于弟弟的这份被"遗忘",羞于启齿的退缩，还有那种孤独感会被感觉到。

张女士说，她有时会感觉自己是孤独的，她的心门好像是关闭的。经过工作坊针对她的个案做的呈现和处理，张女士最终连接上了跟弟弟相关的这份能量，面对了失去弟弟，这份家族里面曾经很深的痛苦。

4. 痛苦的背后是爱

当爱被看见、被感受到，并开始在家庭系统中流动时，疗愈自然就发生了。痛苦的背后是爱，当这份爱开始流动的时候，呈现的画面是，她心中给了自己弟弟一份很深的爱。虽然，弟弟身体上有残疾，智力也没有完全正常地发育，但是，她能深深地感觉到，弟弟心灵深处的纯真。她对弟弟的那份爱是很深、很纯洁的，它超越了我们头脑曾经的理解，但身体却能充分感觉到。

做完个案的一个星期后，张女士的反馈是感觉到这么多年以来，她的心终于开始放松了。之前，她一直感觉身体是硬撑着的，心是关闭的，头脑感觉很紧，所以，会很焦虑。她说自己越来越轻松，而且面对女儿，也可以打开心门了，跟姐姐的互动也不会像火山喷发一样，控制不住地爆发情绪了。

后来，张女士进一步提供的信息是：她女儿的学校老师反馈，女儿在幼儿园开始没有那么焦虑，表现更加自信，也更有安全感了。而且,女儿从原来对妈妈有所害怕,到更愿意靠近妈妈了。

四、案例综述与结论

(一)探索家庭系统动力对孩子可能造成的影响

从上述三个案例中,我们看到,在家庭教育指导过程中,我们可能碰到一些因为爱的"纠缠",孩子"认同"或"承接"了妈妈或者爸爸的家族里发生的创伤及其产生的影响。也就是孩子出于爱,"承接"了不属于孩子自己的一些情绪和反应。孩子的症状不是麻烦,而是"指示灯"。我们可以循着指示灯的方向,寻找到解决问题的根源。

(二)钥匙,可能藏在家族系统动力里

当我们一旦帮助孩子的父母,也就是家庭教育的主体,找到系统更深层的动力,那份隐藏着的"牵连纠葛"或"纠缠",去真正地"看见",感受并承认那份存于家族内在深沉的爱的时候,他们的内在会发生更好的变化。

(三)智慧的爱是一切问题的答案

当爱变得更深、更有智慧的流动时,父母不仅仅是名义和责任上的父母,他们自己的爱会达到更高的能量。如此,孩子就会感觉到更加的轻松和安全,父母也就可以更好地支持孩子的成长了。

那么,如何更好地提升父母或者家庭教育指导师的爱的能量,进而能更有力地支持到孩子的成长呢? 我们将在下一个章节继续探讨。

第三节　家庭教育指导需要提升爱的能量

一、心灵治疗

在家庭教育指导过程中,指导师和父母需要主动提升爱的能量。不仅仅是在孩子出现症状后,我们被动地学习和提升自己,更需要我们主动地学习如何提升爱的能量。在这个小节,我们会探讨如何提升爱的能量,让更深的爱,在我们的内在发生更好的流动。这里,我们举一个心理咨询师心灵成长的案例。这位心理咨询师,既是一位助人者,又是一位父亲。

这位父亲说过,10 年前,他的内在想到爱时,在心的表层,大部分时间想到的是对孩子的爱。同时,还会像许多父母一样,在心的底层对孩子的未来充满了焦虑和压力。下面是他的自我成长分享。

案例 1-5

一位父亲的自述

20 世纪 70 年代初,我出生于上海郊区的一户农民家庭,有个姐姐,父母抚养我们长大。90 年代初,我大学毕业后,经过一番努力安家立业了。自己一直奋发向上,在 2010 年,我的事业发展出现了"瓶颈",一直想突破,但经常感觉内心很无力。虽然,在外人看来,我事业也有一定的成绩,然而,内在却一直有一种无助的感觉,经常会焦虑、失眠。那时,机缘巧合,有幸得到一位事业前辈的指点,他说,做事业就得要了解人心,在这些层面需要更大的突破。所以,我准备把心态归零,好好探索一下,人心到底是怎么回事? 于是,我开始踏上了探寻自己内心的道路。2010 年 5 月,我学习了国家二级心理咨询师的课程,并通过考核,进入心理咨询行业,至今已有 10 年。10 年来,我跟随国内外几十位老师,学了很多咨询技术,做了很多亲子关系的个案,坚持在实践中成长。

我下面分享的,不仅仅是作为一名心理咨询师,一个助人者,还有更重要的一点是作为一位父亲。我有个女儿,她现在读大学。她对我说,十年前,当我还没有学心理咨询的时候,在她的印象中,我是一个优秀但很严厉的爸爸。她说,想到以前的爸爸,身体会有紧缩感,但是,现在我这个父亲越来越让她感觉到放松,而且,可以与她探讨很多人生的感悟,包括一些生命课题。因此,我女儿感觉到现在的我已有很大的变化。

记得在 2012 年左右,我的女儿大概在读四年级的时候,有一次,女儿有一科考试考砸了。那天,我很生气,控制不住自己的怒气,然后,打了我女儿两下屁股,并让她在阳台上罚站了一个小时。

那天晚上,我心里特别痛苦,感觉自己很无能,控制不住自己的情绪。当时的我,已经学了心理学的一些知识及技巧,包括精神分析动力学等,自我感觉对控制情绪已有一定的进步。但是,在教育孩子这个点,孩子没考好的时候,我仍然控制不住自己的情绪。我自问,为什么我会去打她? 就打了两下,也不是很疼,但那种愤怒的感觉,我自己愤怒的感觉,我就很讨厌。还有,我对女儿生气时,看到她害怕的眼神的时候,我就会莫名的痛苦和自我憎恶。

那天晚上,我让自己躺在床上,放松,闭上眼睛,进行自我探索。我就回想那天下午发生的这个事情。想到这个事情的时候,我的内在首先浮现的是女儿的那双大大的委屈的眼睛,又害怕又无辜的眼神。突然之间我的心口就很不舒服,很憋屈,想流泪。于是,我就问自己,这种感觉使我想起什么?等了一会儿,我就想到了,我在读小学的时候,曾经有一天,那是农收季节中的某一天,父母在农田中收割庄稼。那天下午,父母让我姐姐和我先回家烧晚饭。但是,我跟姐姐回家后,两个人不知道为了什么原因吵架了,忘了烧晚饭。父母农忙完回家了,姐姐和我还在吵。父亲看到我们没有烧饭,就特别的生气,不管三七二十一就在我头部狠狠地打了一下。当时,我感到震惊,非常的委屈。这种委屈的感觉,与我女儿那天下午委屈的眼神非常相似。也许,我女儿也很委屈啊,想到这里,我开始流泪,我的身体中曾经压抑的委屈、自责,这些情绪都开始涌出来。我允许自己充分地体验,这股曾经卡顿在我身体内的能量开始流动。经过一个多小时,我的情绪才开始慢慢地平复。那天晚上,我自己疗愈了曾经的一个"身心创伤"。

第二天,在自我放松的过程中,惊讶地发现,为什么现在我自己作为父亲,也会用我的父亲当年对我那样的方式来对我的女儿?

对此,我很好奇。那天晚上,我做了进一步的自我探索,突然之间,在内在画面中看到了我当时的父亲,我父亲打我那一下时,愤怒的眼神,控制不住的愤怒情绪。我觉察到,自己作为父亲跟我父亲一样,容易产生非常相似的愤怒。于是,我在想象中,对内在画面里的父亲说:"爸爸,我对孩子的愤怒,也像你曾经对我一样,这一点,我很像你!因为,我是你的孩子。"

此时,突然之间,我的身体开始有反应,我会感觉到,自己长大成人,成为人父后,内在也有酷似父亲的部分。觉察到此,我感觉更靠近我父亲了,好像在内在画面中,父亲的面部表情变得平和了。接着,我想象自己作为一名已为人父的成年人,站到父亲的身边,感觉到亲切感。然后,我陪着父亲,看到那天农忙回家后,又累又饿,不曾想,没热水喝,也没晚饭吃,姐弟俩还在吵架,更让人心烦。我能体会到那时的父亲内心的愤怒了,也更理解了父亲生气的原因。于是,在我的内在,与父亲曾经的愤怒,对这部分的抵抗的力量,开始"和解"了,更深的"父亲的爱"开始流动了。我感动得哭了好久……

慢慢的,我的心情平和了,我看到内在画面中的父亲,露出了慈祥的微笑。我感觉到了父爱中温暖的部分。

我继续想象,父亲站到对面,对他说:"亲爱的爸爸,我是您的孩子。生命之火经由您和妈妈传递到我这里,生命是给我最大的礼物!谢谢您,亲爱的爸爸!我接受您和妈妈对我的爱。你们已经把能给我的爱尽力给我了,我接受你们所能给予的一切。从你们那里没能得到的,我也会学习从其他爱我的人那里获得并接受。我爱你们!我也会把爱传递下去,让生命之火的爱,更有智慧的流动!谢谢您,我亲爱的爸爸!"在想象中,我对父亲鞠躬,表示尊敬和爱。父亲的形象变得更加有爱有力量了。

然后,在想象中,我请父亲站到我背后,双手放在我的后背,把他心中温暖又有力的父爱传递给我,允许自己接受这份更深的父爱。

等我充分接受父亲的爱后,我在想象中,把小时候父亲农忙回家生气的画面,放在我的左前方,把昨天我对女儿生气的画面放在我的右前方。我看到了,两张画面中有曾经相似的愤怒。现在,左前方的画面中,我的父亲已经变得很亲切，那个作为小孩的曾经委屈的我也变得很轻松快乐了。而右前方的画面中，作为父亲的曾经愤怒的我，也开始变得充满爱了。画面中哭泣的女儿，也开始用好奇的眼光，看着作为父亲的我，她的表情也逐渐放松了……

当天晚上，我与女儿沟通，向她道了歉，并对女儿说："谢谢你让我看到以前的自己，爸爸小时候也犯过错。即使我当了爸爸，也不是完美的，还在不断学习成长的过程中，难免还会犯错。但是，我愿意面对错误，有勇气改正，争取做一个更好的父亲。"女儿听后很感动。我俩感觉到，有更深的爱在父女之间流动了。从那天到现在，我再也没有体罚女儿。

曾经在心理学书上看到过："你越是排斥或反对父母的一些部分，当你成为父母后，这部分就越像父母。"对此，我深有同感！记得我小时候，母亲一直告诉我说："你爸的脾气不好，你不要学他。"长大成人的过程中，我一直认为自己是属于脾气好的，不像父亲。但是，在跟女儿相处的过程中，我恰恰也呈现出了书上所说的情况，我越不希望像我父亲的那部分，在对女儿生气那个时刻，情不自禁地呈现出来了。

针对隐藏在潜意识中,与父亲相似的部分,我先做了疗愈"受伤小孩",后做了"接受父母法"的意象对话。

"父女生气"事件之后,我开始感觉到自己的内在走上了一条更深刻的成长之路,与家族系统中的成员,开始有更深的爱的连接,并且,可以把"天真幼稚的爱"慢慢转化为"成熟智慧的爱"了。

后来,我把自己领悟到的心得,运用在亲子关系的心理咨询和辅导中,收到非常好的效果。父母们开始像我一样,在亲子互动中,把孩子的反应和自己的反应,当成自己探索或内在成长的"指示灯"。父母们在自己的内心下功夫,连接到了与自己的父母之间更深的爱了,自己感觉越来越有爱和力量,大大改善了亲子关系。

案例分析

1. 反省始于良知,继而促成进步

很明显,上述案例中的这位咨询师,是经历了和接受了家庭系统排列的。促成他发生变化的不是学到了什么知识,而是学习让他具备了自我觉知的意识和能力。让女儿在阳台罚站一个小时,令这位父亲自己很难受。看到女儿害怕的眼神,这位父亲感到莫名的痛苦和自我憎恨——是啊,让自己所爱的人看见自己害怕不敢亲近,岂不是人生最大的失败？这种失败体验的背后，是爱的能量在起作用，这种爱的力量，我们称之为"良知"的力量。

痛苦，促使这位父亲反省。幸运的是他经历过专业学习，运用反省的路径和方法，他终于发现了自己，并且驾驭了自己生命中良知的运行。他处理好了自己生命中积淀的爱恨交织、情感纠缠，很自然地以开放的姿态，向女儿道歉。与其说是道歉，不如说是跟过去的自己道别。这是一种成长，伴随着成长而来的是爱的能量开始以另一种方式在父女之间流动，那是温情和温暖。女儿的生命之花悠然绽放。

父母都爱孩子，但是，爱并不一定是暖流。家庭关系中存在爱的能量，让女儿去阳台罚站是出于爱，向女儿道歉也是出于爱。爱的能量跟随良知，它可能是寒冷的空气，也可能是温暖的阳光。

海灵格把个人在家庭中发展的"清白感"和"罪恶感"叫做个人良知。受"清白感"和"罪恶感"的驱使，我们在家庭中表现出的各种行为，实际是一个自我的适应和发展过程，这个过程是下意识的。以前的阿德勒博士，从另一个角度观察到了类似的现象，他用个人的"自卑感、优越感和完整感"来描述自我在家庭和社会中的适应和发展过程。用"罪恶"和"自卑"这两个词语来形容自己，好像有点太粗率，我们可以用"歉疚感"来理解;用"清白"和"优越"又有点太骄傲,我们可以用"安定感"来形容;用"完整"有点缺乏情感色彩,我们可以用"完善感"来形容。

把海灵格博士、阿德勒博士的关于良知的论述,结合我们的文化实际,能理解个人在家庭中生活和发展,带着"歉疚感、安定感、完善感"的交互影响,可以保持内在的稳定。因为对父母亲有歉疚感,我们愿意接受父母的缺点,听从他们未必完全正确的意见和建议;因为对孩子有歉疚感,我们愿意接受孩子的缺点,满足他们未必完全正确的心愿和要求。歉疚感,让我们的爱变得谦逊而温和,这是一种饱含能量的关系。这种谦逊,创造了家庭心理关系的和谐安宁,从而让我们得到了安定感。定则生慧,我们可以更好应对和创造生活中的物质形态或精神空间,体验到生活的完善感。这是用中国哲学中庸平和的表达方式来描述的那股看不见的力量。歉疚感的力量是柔顺而又清晰的,海灵格用"罪恶感"来命名这股力量,凸显了这股力量的强大。

2. 良知的运行是无形的力量

海灵格认为,父母养育之恩惠,使孩子身上存在一种罪恶感,孩子觉得他们所有的一切都是从父母亲那里"窃"来的。可以这样来理解——这种罪恶感与孩子形成自我感和追求独立感有关:在生命的头两年里,自我逐渐形成。

随着自我的形成和不断发展强化,孩子需要把自己和环境区别开来;大概在 5 岁左右,超我开始形成,这个代表了社会规范和道德标准的自己,实际上是自我具备了人与人之间的界限意识和界限行为。这种自我意识的觉醒使得孩子产生一种背离父母亲的内疚感——"我"从父母那里得来的变成一种罪恶,保持清白感让"我们"对自己满意,这种清白欲望让"我们"自然地想要消除罪恶感。

孩子们怎样消除罪恶感呢?

路径一,做个好孩子。孩子们用他们的行动,让父母亲满意;父母亲的笑容可以消除他们的罪恶感。

路径二,做个坏孩子。坏孩子是不需要罪恶感的,他们向父母提出无理苛责的要求,让父母亲不满意,并且受到父母亲的批评指责甚至打骂,这样他们就不用内疚了。

但孩子们还是不满意。做个坏孩子,当然会引发对自己不满意,尤其当青春期到来的时候,会更加的不满意。他们迫切地想要确定"我是谁"这个答案。做个好孩子,也不满意于自己长期以来为了让父母满意而如此这般生活着,尤其当青春期来临,他们特别想为自己做点啥或者不做点啥,对父母亲无休止的"无理要求"开始抗拒。而抗拒本身又会增加罪恶感。在这种情感的漩涡世界里,人们想要学会没有愤怒,是艰难的。坏情绪只会增长坏行为,坏行为会增加罪恶感，罪恶感又会增加坏情绪，生活就像一张无形的网，把孩子和父母困住，而支起这张网的是爱。在这场爱的纠葛中，谁都不好受，爱并没有变成一股暖流。所以，"让爱变成暖流"不是文艺语言，而是一种可探寻的修为路径。佛家净土宗用的办法是戒除"贪嗔痴慢疑"，将"贪婪"从"爱"当中剥离——爱当中确实会掺杂着贪婪。

我们不是只在孩提时期才有罪恶感。罪恶感和清白感的胶着，伴随着我们整个人生。只不过在不同的生命阶段，它们会有不同的侧重，或者不一样的行为反应。成年人，对自己正步入老年或已经暮年的父母亲依然有罪恶感。为了缓和、消除这种罪恶感，就像当年的孩子时期一样。我们的基本策略也不外乎两种选项：

一种是否定。不敢面对它，继而否定与父母亲情连接的重要性，以疏远和各司其职来与父母亲相处。在这个过程中，我们体验到成人感、独立感；心理学说的心理断乳，基本就是这样一个离开父母的过程，但是伴随而来的是罪恶感。否认连接的重要性和意义感，并不能完全消除罪恶感。

另一种是肯定。那就要面对它，继而以增加和提升与父母亲情连接，以理解和亲近融合来与父母相处。在这个过程中，我们不仅体验到成人感、独立感，还体验到来自血缘关系中的责任感、使命感和成就感。这种紧密相连，与心理学说的心理断乳没有矛盾，它不同于未能顺利完成心理断乳的依赖感。可以理解为这是一种人类特有的精神反哺。反哺是一种被肯定的人伦之道，人类生活在其精神世界中，对父母亲的精神反哺是一种进化了的行为。尽管如此，只要父母亲还存在出现危局（死亡）的可能，我们依然不能消除罪恶感。罪恶感使得我们更加重视亲近融合。这个路径也就是中国传统文化的路径，至少单从这个角度讲，中国人在家庭关系处理方面是具有人文高度的。现在心理学的研究成果，在很大程度上只是一点一点地证明了中国哲学的普世性和中国传统文化的科学性，尽管我们从来不强调我们传统文化的科学性。

不仅孩子对父母有罪恶感，随着孩子的成长，父母对孩子也有罪恶感，尤其当孩子发展得并不令人放心的时候，父母亲总觉得是自己的养育过错导致了孩子的人生不安全，罪恶感驱使他们想继续为孩子做贡献。这样的父母碰到第一种情况的孩子，父母的爱和操心会变成子女眼中的侵扰，他们的爱充满矛盾、冲突和纠葛。当遇到第二种子女，父母的爱和操心比较容易被子女理解并接受，倘若能找到比较好的相处之道，爱就变成了一股暖流，流淌在家庭的港湾里。

3. 驾驭个人良知

是驾驭而不是控制。骑在一匹驰骋的马上，你要做的是控制你自己而不是控制马；冲浪时，你要控制的是你的冲浪板，而不是试图控制海风和海浪。这叫驾驭。同样，个人良知在推动着我们的行为，我们需要的是控制自己以顺应良知的力量，让它带着我们走向正确和幸福。良知，之所以给这股力量取这个名字，是因为它是正确的、值得你信任的。怀疑，是会让你失去良知的，就好像骑手跑丢了胯下的马儿，他就只能自己使劲跑；冲浪运动员失去了冲浪板，他就只能泡水里游泳了。

当小孩子初入学校，读书遇到困难。孩子是父母亲爱情和婚姻的标尺，可以衡量他们爱情和婚姻的正确感、价值感和高度，怎么可以不行呢？良知让妈妈开始紧张，为了消除这种紧张感，妈妈学习了大量教育方法，参考询问了不少意见，然后，对孩子提出各种应当如此那般的"正确要求"。孩子可能好转，也可能维持原样或者更加糟糕。随着年龄增长，孩子会抗拒和回避这些要求。这相当于，妈妈本来骑在良知的马儿上，与孩子一起前进；现在妈妈把马儿换成了一叠书籍，她骑着"教子有方大全"和孩子一起赶路。她不知道自己实际上已经跟孩子脱节，因为她开始习惯了骑在书本上的感觉——它不挣扎——那良知的马儿时刻在运动，不好控制。倘若这位妈妈换一种方式，把自己交给良知的马儿，控制好自己，让马儿带着她跑。她可能会对孩子说："你作业拖延、有困难(具体事情)，妈妈觉得紧张不安，因为担心你跟不上学习要求而不开心，我不知道怎样做才能对你有帮助？"解决问题的路径和方法很快可以在孩子与妈妈的对话中浮现出来；或者，孩子可能会说："让我自己来，您只要在我做作业时候别站在我身后就好了。"

良知在你心里，所以，驾驭良知也可以叫做"用心去成就"，而不是动脑子与良知对抗，或者自己另外创造一个良知出来。但是，在绝大部分情况下，我们没有能力驾驭良知。就好像有人一拳朝你打来，你的自然反应就是伸手遮挡，朝着过来的力量回击。只有那些受过高级训练，并且已经改变自己的自动反应模式的太极高手，会顺应对方力量，接住，并顺着那股力量运行自己的身体，与之回旋融合，或借力打击造成对方的自我伤害。

曾有一对父母为女儿的教养问题求助于咨询师。母亲为女儿设下一些行为规则，但她觉得并未得到丈夫的全力支持。有时，丈夫还起相反的作用。

咨询师给了他们基本的原则：

第一，为了养育孩子，父母亲会因为承袭各自原生家庭所看重或者所缺乏的价值，而对于养育方式及其轻重有不同的考虑。

第二，孩子会侦测并服从父母两方原生家庭所看重或缺乏的行为规则。

第三,当父母一方抵触另一方对孩子的教养方式时,孩子表面上会遵从强势的一方,但实际上会与弱势的一方越来越像。

接下来,咨询师让这对父母看到孩子是怎样同时爱着他们两个人的。这时,父母亲的脸色都亮起来了。

最后,咨询师建议父亲告诉女儿,当她与妈妈相处融洽时,他有多开心。

当夫妻双方发现对方不接受不配合自己的教养方式的时候,他们的自动反应方式是"我是清白的,都是对方的错导致的"。当他们看到女儿对彼此的需求的时候,才能找到真实的力量,双方的力量开始融合。实际上,女儿的需求在于她期望看到父母亲因为自己而愉悦,绝不是相互埋怨。

当我们在社群中因处于较低位阶而得到更多照顾时,良知会以其强大的力量来使我们与社群保持连结。当我们在社群中变得越有力、依赖的需求越少时,良知也逐渐对我们松绑。但是,当某个社群成员比较虚弱时,他也会因良知强大的连接作用而对社群保持忠诚。最早也是最牢固的社群就是家庭。所谓虚弱的社群成员,在家庭系统中指向孩子,在职场上是基层员工,在军队里则是一般士兵。

真正能达到和解及平静的良善，需要遵循一种截然不同的、隐微存在于事物运行中的单纯法则。完全不同于良知运行的方式，这样的法则就像伏流于地底下的水一般，安静无声、难以觉察。但良知却常敲锣打鼓地不断评价着单纯存在于当下的一切。就像一个孩童步入花园，好奇地观察着周围生物的成长，全神贯注地倾听鸟儿在丛林里发出来的鸣唱。然后一个大人走过来，说道："看，这里好漂亮！"这一刻，这个孩童就不再专注于身旁的一切，他失去了对当下的观察和连结，取而代之的是评论和价值判断。

4. 良知是人性温情

个人良知实际上就是人性温情，我们需要生活在这种人性温情中以获得精神上的拥抱取暖。有人很诗意地说：灵魂飘忽在寒冷的宇宙，它们需要温暖的拥抱。家庭就是一个灵魂拥抱的空间。

◉ 案例1-6

烟瘾中的爱

我来讲一个自己如何在戒烟的过程中，觉察到深层的焦虑,连接到了更深的男性的爱的体验。

2013年5月,我发现在一些心理辅导或心理咨询的过程中,大多数父母的内心都很焦虑。父母们自己往往是名牌大学毕业的,在各自的职业或事业上也很成功,他们会认为孩子一定要像他们一样才会成功。父母的深层焦虑,无形中给孩子很大的压力。

于是,我决定从自己的内心下功夫,好好探索一下,关于焦虑的更深层次的原因。我的内心有一份很深的这种焦虑,它一直在那里。我想尽办法去摆脱它,没有成功。以前,我经常会用抽烟暂时缓解焦虑,确实有"治标"的效果。焦虑暂时能缓解一会儿,但是抽着抽着,烟瘾越来越大,发展到后来,每天至少要抽两包烟。2005年,我的一位医生朋友曾对我说:"你很优秀,各方面都很优秀,你能成功我一点也不怀疑。但是,你的烟瘾太大,这样下去,对身体有害。如果你这个老烟枪能把烟瘾戒了,我才真佩服你!"于是,我开始用NLP("神经语言程序学"的英文缩写,指神经系统,包括大脑的思维过程)戒烟并成功了。

到了2013年,我的烟瘾戒了8年,但内心深处的焦虑感仍然挥之不去。2013年5月,我又开始抽烟,不到一个月，我又上瘾了，并且，烟瘾比8年前有过之而无不及了。于是，我决定尝试用"连接成熟智慧的爱"的方式，重新戒烟，并转化焦虑。

一天下午，我准备进行自我探索。于是，我躺好，闭上眼睛，引导自己全身放松以后，我问自己："为什么我爱抽烟并且瘾还这么大？这点像谁？"

等了一会儿，我的内在画面里出现了我的父亲和我的爷爷。他俩也有很大的烟瘾，我们祖孙三代都抽烟！虽然，我小时候很讨厌抽烟的人，母亲也告诫我不要抽烟，不要像父亲爷爷那样脾气不好，但是，我发现自己成年后，越来越像我父亲我爷爷，既抽烟，脾气也不好。

我对着内在画面中的父亲和爷爷说："爸爸，爷爷，我抽烟的习惯像你们。"说完，我鼻子一酸，眼泪夺眶而出。内在画面中，原来皱着眉头的父亲和爷爷，露出了微笑。

想到我的深层焦虑，于是，我对内在画面中的父亲和爷爷说："我感觉到了，生命中曾经压抑的一份深层的焦虑，那是在抽烟的行为背后真正的情绪。"我发现，吸引我的不是我父亲，而是我爷爷。瞬间，我感觉到了与爷爷之间心的连接，心口感觉到温暖。

我记得奶奶说过，爷爷是长子，家里穷。爷爷借钱做生意亏本，无奈之下，带着奶奶从浦东老家迁到浦西郊区另谋出路。那时，生活艰难。后来，爷爷奶奶靠艰苦奋斗安了家。但是，之后爷爷又受了不少罪。

想到这些，我仿佛找到了画面中孤独的爷爷，皱着眉头抽烟的原因了。于是，我对着画面里的爷爷说："亲爱的爷爷，我是你的长孙。我听奶奶说过，你曾经吃了不少苦，身体之苦，还有心里之苦，你不善言辞，心中苦闷。也许，在当年，抽烟是你唯一可以缓解内在的焦虑、孤独、痛苦的方法。"

说完后，我感到自己好像更懂爷爷了，心更加贴近爷爷的心了。对爷爷的爱，越来越深！我的眼泪又开始流下来，那是激动的、温暖的、爱的泪水！画面中的爷爷终于露出了开心的笑容，看着我。这种被爱的感觉，让我想起小时候，我高兴地坐在爷爷的自行车上，去买零食……

当我的心情慢慢平静后，我继续对着内在画面中的爷爷说："亲爱的爷爷，我作为你的长孙，出于对你的爱，在无意识中想要分担你内心的焦虑、孤独和痛苦。这是我作为小孩，表达爱你的一种方式，所以，我不仅仅复制了抽烟的习惯，还时常感觉到你当年的焦虑。亲爱的爷爷，现在，请允许我依然保持着对你深深的爱，同时，用更智慧的方法把爱表达出来。"我看到画面中的爷爷，变得更高大有力。他仿佛在表达，他对我这个长孙很满意。

最后，我在想象中请爷爷站到我背后，双手放到我的后背。我自己继续放松，打开心门，接受爷爷把充满力量的爱从后面传递给我。渐渐的，我感觉仿佛连接到了更深厚的男性力量，深层的焦虑开始慢慢消失。

在想象中，我对着香烟说："谢谢你，曾经帮助我爷爷缓解了当年的焦虑和痛苦。另外，通过你，我也连接到对爷爷更深的爱了，再次感谢你！现在的我，可以用更智慧的方法，比如冥想、自我探索等更加健康的方法来帮助和支持自己了。"

神奇的是，从那天开始，我终于发现香烟原来只是连接我与爷爷之间爱的"指针"，或称为"替代品"，内心对它多了一份感谢，少了一份抵抗。于是，我真正戒除了心中的"烟瘾"。内心的深层焦虑也越来越少了，取而代之的是，我变得更加有力量、更加自信。慢慢的，朋友和客户都反馈，感觉我变得更坚定、更有力了。

心理研究发现,治疗成瘾行为的核心,是找到爱。这位咨询师通过找到"与爷爷更深的爱"成功戒烟的过程,是个很清晰的实证体验。今天很多孩子迷恋电子游戏,网瘾到处可见,我们在《学习管理与家庭教育》中有介绍,本质上,他们寻找的是爱。爱在哪里呢?

爱,就在家庭中运行,它具有基本法则和巨大能量。

二、爱的法则

爱在家庭中运行,在海灵格的理论中,这被称为家庭良知。它具有三项基本的运行法则,我们可以引以为用,来理解家庭关系对家庭教育的影响,提高家庭教育指导能力。

(一)归属的权利

家庭的良知给予每一位成员同等的归属权利。它确保每一位成员都受到平等的承认。有些家庭和家庭系统会否认某位成员归属于系统的权利。当某一位家庭成员出现意外,在家庭中,其他成员可能会因为出于害怕而不再提起这个人,有意避开。或者,某位家庭成员违反家规,其他成员会说:"你使我们蒙羞,我们跟你断绝关系。"

实际上,那些相信自己站在道德制高点的人,只不过是在说:"我们比你更有权利归属于这个家庭。"或是"你放弃了你归属的权利。"在这样的情况下,所谓的"善"表达的不过是"我有较多的权利"，而"恶"表达的是"你的权利较小"。在这样的情况下，家庭成员通常会认为对被剥夺归属权的成员不公平，而产生罪恶感，即使在意识层面并未觉察，但他们潜意识中会渴望补偿这样的不公平，并且将限制自己生命的发展。这个情况通常发生在晚辈身上。

（二）强迫性的重复

当家庭系统中某位成员的归属权利遭到否定，不论是由于受到命运的不公，或是其他人的轻视，要求平衡的力量将会驱使系统中的后代成员透过认同而模仿在过去遭到排除的成员的命运。后代成员可能在意识层面上并未觉察，而且也无法抵抗。一旦有成员的归属权利遭到否定，就会产生一股难以遏止的力量，这种力量将会努力恢复系统原来的完整。为了补偿对某些成员的不公义，将会有其他成员模仿或是重现他们的命运。

（三）序位阶层

每一个群体都存在着先来后到的"序位阶层"，也就是先到者在序位的较高阶层。这意味着，根据这样的序位，先到者将比晚进者有较高的优先序位。在一个家庭中，祖父拥有较高的序位，孙儿则在序位阶层上处于较低的位置。

根据此原则，在需要做出补偿时，系统良知将无视对晚进者的公平，因为晚进者并不拥有与先到者平等的地位。

当两者在系统内的平衡法则上产生冲突时,良知将以先到者为优先。比如说,即使是为了捍卫父母或祖父母的权益、补偿他们的罪恶,或者使他们从过去沉重的生命际遇中解脱,家庭系统都不允许孩子或孙辈干预父母或祖父母的命运。

在系统良知的压力下,所有后辈在没有觉察到这股力量时,任意干涉长辈命运的行为终将失败。我们常看到,在家庭系统中,当某位成员以关心之名试图干涉其他人的行为时,往往盲目和自以为是,这样的举动注定招致失败,甚至造成自我伤害。这样的事情往往会发生在家庭系统中后辈的身上。他们自以为有能力介入,但却终将感到无力;他们自以为介入有正当性,但却将经受"罪恶感";他们自以为能够改善别人的命运,却往往以悲剧收场。

家庭系统受到古老的序位法则支配,常常会造成家庭成员的不幸或是痛苦。系统中要求晚进成员补偿过去成员行为的后果,会形成一个永无止息的循环。只要这样的序位法则仍停留在无意识的层面,它就会强而有力地影响我们。然而,当它的运行方式浮上意识层面,我们就能够以一种较有益而非重复悲剧的方式来满足序位法则的目的。继而,另一个要求先到成员和晚进成员(家庭中所有成员)有同等权利的平衡系统中伤痛或是不公义的序位法则就能开始运作。这样的序位法则可以称之为"爱的序位"。相较于试图以一个悲剧来补偿另一个悲剧的盲目的爱，这样的爱是有智慧的，它以一种带来疗愈的方式平衡系统。

当家庭系统中某位成员受到排除或是遗忘，家庭良知就会起作用来维护完整性。但我们可以与家庭良知协商，一旦被排除者的存在得到承认和尊敬时，系统就能再次建立它的完整性。我们可以做的是两件事情：

第一件事情，是承认和尊敬那位被排除的家庭成员。站在客观公平的立场，去看待他人的人生遭遇，并从内心感激自己的幸运感和爱的责任感。通常可以找到发自内心的承认和尊重对方的感觉。爱的法则将会引导良知的力量带给他们新的家庭动力。

同时，我们要做的第二件事是找到命运替代者自己原本的位置，去做好自己而不是别人。当一个孩子受着那股他意识不到的力量去替代被排除者的命运的时候，他就弄丢了作为爱的延续者的家庭使命。

◉ 案例1-7

孩子拒绝帮助

一位母亲前来求助，她的儿子今年八年级，最近一年以来,孩子越发不成样子。根本就不想读书,并且到了糟蹋自己的程度。

调查发现,孩子有一个吃喝嫖赌都在行、终日无所事事的叔叔。孩子父亲和其他成年家人,对孩子的这位叔叔嗤之以鼻,并且敬而远之。孩子的不良状况,正是从他们一家搬离原住地,来到新的城市之后变得越发严重的。妈妈以为,是换了这所新学校之后,孩子的功课跟不上导致的。这只是表面上的原因,实际上并非如此,因为孩子拒绝帮助行为。

给这位母亲的建议是,从她这里开始,给孩子的叔叔基本的尊重。对方也是一个人,一个正在与自己命运抗争的人。尝试和孩子讨论他的长辈们,帮助孩子意识到他是不能代替长辈们的,也不能超越权利改变上一代人的行为。尊重爸爸和叔叔以及他们的选择,好好接受来自父母和其他长辈的付出,争取将来用一种新的属于他个人的良好方式传递家庭使命。这是他的荣誉。

当我们以爱的序位为出发点,就能将为了平衡过去家庭系统中不公义的家庭责任告一段落,罪恶和后果将回归到它原本的位置上,以一个悲剧来平衡另一个悲剧的不良循环就能够停止。不管前人为此付出何种代价,晚辈都要接受前人的给予；无论前人做过什么，都尊重他们的存在。那些被系统排除的成员有重新归属的权利，我们无需恐惧这些成员，而应感觉并接受他们的存在，需要在心灵中为他们保留一个位子，那是他们原本的归属的权利。只有如此，我们才能够重新感到完整。

这就是家庭转运之道——爱的法则。

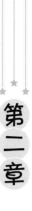

第二章

婚姻关系与家庭教育

说起家庭教育指导，或是家庭教育咨询，大家往往会认为："哦，就是帮助家长解决孩子的问题。"其实，所谓"孩子的问题"，往往是家庭成员在长期互动过程中逐渐引发的结果。换句话说，"孩子的问题"可能是更深层次问题的表象或线索。如果只是一味解决"孩子的问题"，容易陷入"头疼医头、脚痛医脚"的境地，即使短时间内克制了问题的发生，但由于背后的原因没有得到有效解决，一旦时机合适，问题还会卷土重来。在诸多背后的原因中，婚姻关系往往是最为重要的一个，但又常常在"解决孩子的问题"中被忽略或无视。

第一节　婚姻关系是家庭关系的核心

一、挑战发生在婚姻关系发展的各个阶段

　　什么是家庭？家庭就是社会的一个细胞，最小的组成

单位。社会,借由人和人之间的各种关系,在交往互动中构成了整体;家庭,是个体通过婚姻、血缘等关系,构成的社会生活组织形式。家庭内部各种关系的互动内容、方式、质量,影响着其中的每一个人,并造就了不同的家庭生态。

家庭人际关系,至少包括夫妻关系、亲子关系、子女(兄弟姐妹)间关系、父母原生家庭的亲子关系,另外还有翁婿、婆媳等关系。每一种关系当然都很重要,若从家庭教育的角度来看,夫妻构成的婚姻关系,应该是家庭的压舱石,也是家庭教育成功的基本保障。美满的婚姻关系,我们会送上"相亲相爱一家人"的评语,因为我们能在其中看到"爱"的涌动。

心理学认为,爱是一种情绪,是人对周遭事物环境的态度体验和行为,但它又是一种特殊的情绪,毕竟"爱的存在与否、爱的方向和程度以及爱的持久性,都取决于这个人对自我和另一半之间关系的基本态度"。虽然爱如此重要,但是随着婚姻的不同进程、各种事件的不断卷入,它无时无刻不在接受挑战。

● 案例 2-1

请帮我好好教育教育她

沈先生,年近半百。他愁锁眉头、紧握双手、身体前倾,眼睛一直注视着咨询师,说话语速很快,满是倾诉的意味。每说完一大段,他就会长吁一口气,靠向椅背。沈先生从事跨国贸易活动,因为时差,多在夜半工作,白天休息。沈先生最大的痛苦,来自于他的儿子,小沈。

小沈,高中一年级。一年前的中考,他脱颖而出,从普通初中一举跨入了市实验性示范高中！全家自然兴高采烈,沈先生更是开心,一是因为孩子中考的成功,完美验证了他的座右铭——"只要努力,必定成功";二是证明了他作为父亲的价值。由于妻子是一家大型电子商务公司的干部,"白＋黑"是工作常态,所以沈先生从孩子小学开始就成了"全能爸爸",孩子的饮食起居、学习检查、运动督促等一应事项都由他一手包办。每当妻子提出"你是不是管得太多、太严、太死?"沈先生总这么回应:"孩子的好成绩不都是我管出来的? 要是觉得不对,你来!"中考的大获成功,更是强化了沈先生的教育风格,"作为一个'普娃',你既然能够在中考获得成功,也一定能获得高考的成功,只要你努力,再努力一点! 爸爸相信你!"

然而,进入高中后,孩子的状态一路下滑,先是上课进度跟不上,再是作业常常不交,最后发展到每天早晨都不肯起床、徘徊在外不愿意进校⋯⋯沈先生尝试着和孩子沟通，"挫折是暂时的，只要咬牙坚持就能够过去"；为孩子画底线："完成作业、准时上学，这是学生的责任"；甚至还动了手，但青春期的孩子人高马大，这样的肢体接触似乎对孩子没造成多大震动。相反，孩子总是"冷冷地看着我，一脸不屑，一句话也不说"；"老师，我该怎样做，才能让孩子上学去？"

从沈先生的苦恼和诉求来看，这和普通的拒学案例似乎没有什么两样，家长的高焦虑、高期待，加之亲子沟通倾向于说教，自然难以起效。于是咨询师告诉沈先生，孩子存在明显的自信不足，惧怕更大的压力，担心学习一再挫败；做家长的应该根据孩子的特点进行学业规划，认可孩子的痛苦，接纳孩子的不足，一边为孩子减压，一边多发现优点，予以具体的鼓励和指导，让孩子获得更多的动力⋯⋯离开时，沈先生似乎有了一点儿信心。

几天后，沈先生又来咨询：

"没用，没用。我尝试用你们给到的建议和孩子沟通，想和孩子说说我自己的成长故事，可是，孩子就是冷漠地看着，根本就不想和我对话，而且还有点儿不屑。"

咨询师："既然这样,您可以试着请妈妈和孩子沟通,转变下交流风格,说不定就能找到突破口。"

"她?"沈先生一下子瞪大了双眼,提高了嗓门,"孩子之所以那么拧,就是她造成的。她对孩子太宠了,孩子要休息就休息,说不做作业就不做作业。不仅如此,我现在说啥,虽然她都不反驳,但就在旁边干看着,有时候还会故意站在我和孩子中间,背对着我,不晓得在和孩子说什么。最该接受咨询的,是她,不是我!"

这似乎是因夫妻双方教育理念无法统一而造成家庭教育的冲突。于是,咨询师邀请夫妻双方共同参加下一次咨询。

一周后,沈先生的太太王女士来了,她早到了一个小时。她和沈先生年纪差不多,但精神饱满、神态从容。面对咨询师疑惑的神情,王女士无奈地笑了笑:"其实,最需要咨询的是他,不是我。他给孩子的压力太大了。他就是要通过孩子,来证明他自己……"过了一会儿,当沈先生走进咨询室时,他十分诧异:"不是说好在大门口等吗?"他对着咨询师说:"今天好不容易让她来了,请你们多开导开导她!"经由沈先生和王女士的各自表述,小沈完全成了两个人……这是一次充满磕绊的咨询,丈夫

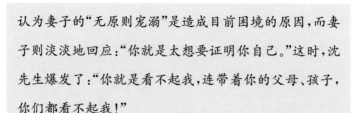

认为妻子的"无原则宠溺"是造成目前困境的原因,而妻子则淡淡地回应:"你就是太想要证明你自己。"这时,沈先生爆发了:"你就是看不起我,连带着你的父母、孩子,你们都看不起我!"

案例分析

这个案例有三个主体:沈先生,王女士,他们的孩子小沈;两对矛盾:沈先生与小沈之间的亲子冲突,沈先生和王女士在教育理念上的冲突。再仔细研究,我们会发现,两大矛盾不断加深、激化的背后是两人的婚姻关系出现了问题,若是从更大范围来观察这个家庭,还能发现沈先生家中的矛盾演化,与太太的父母也有着千丝万缕的关系。显然,这次咨询,并非只是单纯的子女教育问题,必须对这些关系进行梳理。因为,每个人,都是家庭关系的节点。

1. 相识,激情中的爱

这一阶段的爱,是在胸中涌动的强烈的情绪,让人深深地思念、眷恋对方。花前月下,彼此有着强烈的亲密感受,时时会在对方的语言、眼神、肢体动作中,感受到爱的激情与甜蜜。激情持续一定阶段后,双方会希望结成婚姻伴侣,从而将亲密感最大化。这既是作为生物人的自然反应,也是作为社会人对归属感的内心需求。

沈先生,原先在一国有大型企业工作,虽然当年高考发挥失误导致进入机械专科学习,但其学习和动手能力很强,毕业后成为厂里的技术骨干和中层干部。王女士,是合作公司的工作人员,大学学历,文静、内敛。两人在工作中偶然相识。沈先生的认真负责、朝气蓬勃、彬彬有礼在人群中显得很是耀眼,尤其是他对于问题的孜孜以求的精神和探究实践的能力,深深吸引着她。沈先生聚焦问题、躬行解决的态度和王女士之前看到太多的"口若悬河"形成了巨大的反差。沈先生感觉到王女士对他能力的欣赏,并不介意他的学历,要知道当年他花了好长时间才走出高考失利的阴影,并努力用自己的行动证明自己的价值。随着进一步的交往,他们又发现了不少相同的兴趣爱好,渐渐地,他们为彼此的陪伴、了解、支持、欣赏而感动、喜悦。虽然他们也发现了彼此的一些不足,虽然王女士的父母认为沈先生距离他们的择婿标准还有一点儿距离而颇有不满,但在爱情面前,沈先生和王女士觉得这都是可以被包容和原谅的。

2. 结婚,现实中的爱

两个个体,因为婚姻关系的建立,就从"我"和"你"变成了"我们",开始以最紧密的方式生活在一起。此时,爱之初的浪漫更多是被现实生活中的柴米油盐所替代,原先眼中特别的对方也开始走出光环,彼此间的对望不再有距离的阻隔,所有的特质,不论优点还是缺点,都在零距离下纤毫毕现。

沈先生和王女士婚后忙碌于各自的工作,有时连面也照不上,即使正常上下班,也常常经历灵魂拷问:"今晚吃什么?""衣服还没洗?""房间打扫过了吗?"……各种生活琐事替代了之前的湖畔依偎、烛光晚餐、街头漫步。琐事上的各种分歧逐渐显现,伴随着一些别扭和争吵,彼此都不再像婚前那样在乎对方的感受,而是更为"坦率"和"直接"。

此时,王女士的单位转向互联网经济发展,她的收入开始增加,而沈先生则自觉在企业中的发展已触碰到天花板,于是决定依靠工作中积攒的人脉和技术辞职创业。王女士自然有点儿担心,劝他安稳一些也挺好,但在几次劝说无果后,王女士还是给予了他信任和支持:"只要你想明白,不后悔,我支持你!"不过,王女士的父母觉得这是一次鲁莽的行动,觉得女婿放着稳定的工作和职务上升通道不顾,非要自己创业,不会影响到自己的女儿吗?

在这一阶段,两位都褪去了爱的激情所带来的光环,展现出更真实的自己。王女士觉得沈先生收入一般,但是胜在稳定;沈先生则始终觉得在职位和收入上低人一头。虽然王女士从来没说什么,但也没有向她的父母做进一步的沟通解释,实质上还是隐隐表达了自己的不满。随着愤懑逐渐积累,更坚定了沈先生的创业决心。起初,他的业务范围拓展得很快,甚至从国内发展到了国外,让企业里的老同事都羡慕不已。谁知因外界原因,业务在短暂上升后迅速下滑,虽然及时刹车避免了更大损失,但之后只能勉强维持最低运营水平。王女士的单位则成功转型为电子商务公司,作为公司管理层,不仅收入相当可观,其工作能力也在业界得到广泛认可。两相比较,沈先生的失落愈发加重了。

妻子有时会对着赋闲在家的沈先生埋怨:"在家也不烧个饭,加班回来还是只能叫外卖。"有时也会安慰愁容不展的他:"不求大富大贵,只求平安喜乐。"然而,沈先生对此的解读是轻视,妻子父母那些似有似无的微词更加速了自信流失,他努力想重拾信心,但怎么也找不到重新出发的起点。

3. 得子,爱子替代了爱配偶

在这期间,小沈诞生了,沈先生和王女士多了父母的身份。虽然仍有矛盾,但在宝宝天真无邪的笑声和嗷嗷待哺的哭声中,两人放下不快,孩子才是他们现在唯一的核心。此时,沈先生的赋闲劣势转为了优势,从孩子入学开始,照料起居、辅导功课、与老师沟通,成为他的主职。小沈进入初中后,沈先生更是为他制定了四年行动计划,内容包括但不限于每日及每周的复习、参加哪些课外班、名次保持在哪个区间等。每天沈先生都会根据教学进度考校小沈当天的功课，如果有什么不懂，沈先生还会在钻研教材后给小沈一一讲解。除了学业安排，计划还包括了各种营养菜谱，用沈先生的话，就是"精神和物质两手都要抓"。在他的全情投入下，小沈的确没有辜负爸爸的期盼，顺利考入目标学校，邻居纷纷夸奖沈先生是"超级奶爸"。但是小沈并不像爸爸那样欣喜若狂，因为他的童年和少年都是在沈先生的设计下度过，不得越雷池半步，尤其爸爸每每语重心长的谈心，对他来说更是一种折磨："你要争气，要为我争气。"小沈若有异议，在沈先生看来不仅是孩子气，更是不理解父母的良苦用心。对于这样的亲子冲突，王女士颇为无奈，一方面她觉得成绩的确很重要，另一方面又觉得孩子太苦闷。每当她想和丈夫深入交流时，不是时间不允许，就是谈心最后变成压低着嗓门的争吵。双方都试图证明自己观点的正确：妻子觉得挫折太多孩子会不快乐，丈夫则认为苦尽才能甘来；妻子认为不能操之过急、要慢慢来，丈夫则冷冷地抛出"你以为我天天在家太闲吗？"。双方都充满了委屈和不甘，最终不欢而散。当孩子表现出拒学状态后，矛盾再一次爆发，一发不可收拾。

夫妻关系中出现了孩子，不论是因血缘或领养，孩子的介入，标志着从婚姻建立期走向了育子期，在这一阶段，夫妻面临的最大问题,是如何做一名父(母),他们所有的相关认知基本来自童年的亲身体验,以及在得知自己要做父母后而临时补习的各类育儿书籍,或是各种媒体信息。但当面对自己孩子的各种问题时,他们依然会手足无措、茫然无序,常会慨叹"我该怎么做啊,我也是第一次啊"。在面对一些关键期,如考试升学、政策变化,以及著名的"更年期必然遇到的青春期",家长们更容易陷于焦虑。幸好家长们至少在理念上都认为良好的亲子关系有助于化解矛盾和挑战,但同时他们往往将婚姻问题和育儿问题分割对待。在咨询时,经常会有来访的家长这么说:"我们关系怎样都无所谓,我们只是希望孩子不要受到伤害。""等孩子考完大学后,再处理我们之间的问题"……往往,家长会在各种贴吧、群组了解教育信息,向指导师寻求化解孩子问题的方法,却忽视婚姻关系本身对家庭教育的意义。

婚姻关系,就是极好的家庭教育资源。因为婚姻关系的确立,是家庭教育的基础;婚姻关系的和谐,使得子女拥有安全、友善的成长环境;婚姻双方彼此的认同度高,有利于化解家庭内部其他人际关系可能带来的纷扰;夫妻间的理解、包容、支持,能及时避免家庭教育中的非理性认知,减轻育儿过程中产生的过度焦虑。

二、持续的婚姻关系建设有利于化解挑战

讨论婚姻,我们必然会想到爱情,脑海中浮现出诸多有关爱的意象:《秦风·蒹葭》,在白露苍茫中追寻宛在水中央的伊人,那一份怅惋让人辗转反侧;《简爱》,虽然上帝没有赐予主人公美貌和财富,但她坚信灵魂的平等,这一份执着让多少人怦然心动;或者像泰戈尔《情人的礼物》,爱情的礼物是腼腆的,它从不通名报姓,赶上它,不然就永远错过它。

赞美爱情的文学作品如恒河之沙数不胜数,但回头看人类社会进程,我们必须承认爱情成为婚姻要件的历史并不长。漫长岁月中,对婚姻而言更重要的是"父母之命媒妁之言",若没有这些,男女交往就成了逾墙窥隙而不具备合法性,父母、国人皆可贼之。所以,1800多年前的《孔雀东南飞》,焦仲卿和刘兰芝只能"怅然遥相望";800多年前陆游在沈园题下《钗头凤·红酥手》,在"错错错、莫莫莫"的叹息中品尝爱情的凄楚;还有80多年前巴金写就的《家》,一代代读者面对觉新、梅、瑞珏的悲剧心有戚戚。中国长期的农耕社会,婚姻从来不是两情相悦那么简单,它事关两个家族,事关生产资料及财产的继承与再分配,事关丁口延续……婚姻,与其说是促成个人的美满,不如说是为了延续

和强大家族。虽然我们已经步入了现代社会,包办婚姻、买卖婚姻几乎销声匿迹,上述的悲剧似乎不会再发生,但社会发展依然有其强大的惯性。即使在强调个性解放的美国,社会心理学家凯哈特在1967年针对1000名大学生所做的调查表明,依然有76%的女性和35%的男性愿意和自己并不爱恋的但各方面比较完美的伴侣结婚。20世纪70和80年代他又做了两次比较,将爱情作为结婚重要因素的男女比例才分别达到了85.6%和84.9%。

用了几千年,我们的婚姻终于能够将爱情作为重要的砝码,但是再热烈的爱情,面对高速发展的现代社会依旧是脆弱的。伴侣双方需要承受来自工作岗位的竞争,需要考虑住所、教育、医疗、赡养等问题,而在福利保障制度尚不足以对家庭进行普遍、有效、便捷支持的现阶段,夫妻、家庭所需要承受的压力可想而知。现代社会的开放和交流还让个性彰显、个人独立得到大家的普遍认同,婚姻关系的双方都希望在成为伴侣的同时能保持自己的独立、体现自己的价值,这对生活在同一个屋檐下的"我们"造成一定的挑战。这一切,仅仅依靠相恋期那份甜蜜的爱之激情显然是远远不够的,更不要说激情在婚后生活中的日渐消退。

（一）关爱,让后激情的伴侣更为紧密

曾经有过这样的调侃:婚前,白马上的是王子;婚后,白马王子原来是二师兄变的。婚前，是迪士尼城堡的菲欧娜公主；婚后，是史瑞克夫人菲欧娜。

相恋时的激情，很容易放大对方的优点，最终扩大成对恋人的整体评价，妨碍了对恋人其他品质和特点的客观认识。婚后的朝夕相处，则让彼此距离缩短到咫尺，对方的缺点和不足日益清晰；伴侣也不再因害怕引起对方不悦而刻意伪装。此时若依然希望寻回当初的激情之爱，将是不现实的，反而可能造成更大的心理落差。

要化解这一问题，将始于激情的起步化为更为长情的陪伴，需要的是彼此之间的关爱。

很多夫妻已经想不起有多久没有听到对方说出的甜言蜜语，不少人认为向对方表达爱意是热恋中的情侣才需要做的，"老夫老妻"还需要吗？当然需要。虽说在社交媒体统治人际交往的当下，爱意表达往往被简化成"秀恩爱""秀礼物"，但日常的、不被人围观的爱意表达才更真实、更持久，即使双方都自认为"老夫老妻"不需要，但有了日常化的爱意表达，才能让彼此的关系持久融洽，为以后出现的问题积攒足够的解决力量。

沈先生和王女士在婚后忙碌于各自的工作，有时他们仿佛只是一对合租的室友，偶尔早一点下班，彼此聊的内容多是关于工作和职场，刚想着外出就餐，却又马上想起还有报表一堆，于是就只好到楼下小饭铺吃个简餐。

这样的状态，在不少夫妻中常常出现，往往他们的理由都是"我们太忙了""我们太累了"。更为常见的现象是，不少夫妻哪怕是坐在同一张沙发里，也往往一个在说，另一个一边盯着电视，一边嘴里发出"嗯嗯"声，这样的沟通方式显然不会让对方满意，于是交流戛然而止。随着手机和网络融入生活的各个方面，两个人的社交距离更遥远了，最接近他们的就是眼前的手机。其实，日常的爱意表达，并不需要多少创意、时间和金钱，很多时候只要注视就足够了。一方说着单位的工作或见闻时，另一方可以注视着对方。行为心理学家发现，恋人在交往时会比一般的朋友、同事有着更频繁的眼神交流，这样的眼神交流让叙述者得到更多的满足和喜悦，感觉到自己对对方的吸引力。如果此时能够再加上一些语气词，"是吗""居然这样"，又或者表达一些自己的观点或是猜测，那么这不仅表示你对话题的兴趣，更能传递对伴侣的重视和爱意。其实，当我们回到职场，就会发现有关注视、表达等技巧早就在工作中运用得驾轻就熟，可为什么在和家人交往时反而放弃了这些人际沟通的法则呢？个中缘由，无非是认为"我和他（她）已经是夫妻了，还需要花那么多功夫吗"？可惜，很多时候无意识的轻视，会对贴近的人际关系造成很大的伤害，因为只有最亲近的人才会

发自内心地相信对方会真的在乎自己。

（二）宽容，对不满进行积极的解释

伴侣不是神，而是人，是人即有缺点。因此发现缺点并不可怕，只要不是过于仓促盲目的婚姻，相恋中的美好印象并非虚构，所以当伴侣间产生心理落差时，采用何种态度进行解释就显得十分重要了。王女士加班晚归，原本以为因为沈先生在家就能吃上一顿热乎饭，没想到什么也没有，自然颇有情绪……采用何种态度进行解释，会使彼此的亲密程度完全不同。

王女士："你在家，也不知道烧个晚饭，我还以为加班回来能吃个现成的呢！"

沈先生："我自己也只是吃了两片剩下的面包好吧，动不动就埋怨我，算你在公司里风生水起，欺负我这个失业工人咯？"

王女士觉得："我那么忙，既然我没有说不回来吃晚饭，你就应该想到为我准备好，我又没有要求美味珍馐，只是希望有一顿热饭，这要求高吗？"

王女士认为是由于丈夫对她关心不足、态度轻慢，而沈先生则觉得妻子态度傲慢、不屑与他沟通。两人将对方的行为原因都归于其人格特质，从而造成了关系的紧张、情绪的对抗。对于关系的疏离，两人都是消极对待，期待通过冷处理消弭矛盾,实际是失去了解决矛盾的机会。

积极的解释可以怎样做呢?

王女士:"让他猜我的心思他哪回猜对过? 每天的日程的确满满当当,如果抽个空给他发个短信,既不打乱自己的工作节奏,也能够遥控家庭煮夫准备好晚餐,是个好主意!"

沈先生:"和她相比,我的工作节奏的确自由很多。如果能准备一顿简约但入味的晚餐,既显示了我在时间管理上的能力,也展现了我是在有品位的 SOHO(居家办公)。哪像现在,让她觉得我碌碌无为?"

当然,这只是我们在咨询中的假设,实际上,沈先生、王女士的思路是伴侣在矛盾中的常态,双方往往都会不自觉地以为"他(她)应该为对方着想啊",而根本没有意识到自己并没有这样做。当我们着手寻求自身原因后,就不再轻易指责对方,至少不会在指责对方具体行为时牵扯到对方的特质、价值。而这将对伴侣关系造成伤害,日积月累必然让亲密关系产生裂痕,降低抵抗挑战的能力。所以,学习避免"行动者—观察者效应"(把自己的行为归因于情境原因,把别人的行为归因于内部原因的倾向),是夫妻要学习的本领,因为即使是最亲密的伴侣,都很少能理解对方各种行为的原因。

（三）沟通，基于理解，不为裁判

走出"行动者—观察者效应"的误区，并不代表着家庭中的各种问题就得以解决，也不意味着对方身上的不足就自动消失。对于一些问题，比如"你的菜太创新了，咸得都可以直接吃到过年"自然可以不屑一顾，或干脆录入家庭糗事档案，时不时拿出来羞臊下对方，这未必不失为伴侣间的趣事。但有些问题，往往是经济、职业、社会等问题在家庭中的映射，必须直面，必须沟通解决。可惜的是，在现实生活中，我们的沟通常常变成谈判，谈对错、论输赢，沟通最后变成争吵、裁决。

沈先生因创业不顺利而愁眉不展，这不仅关系到家庭的经济收入，也关系到他的自我成就感。这属于家庭面临的重大问题。王女士为了不给丈夫以太大的压力，而将它淡化为"不求大富大贵，只求平安喜乐"的安慰，初衷是为了照顾他的自尊心，但结果事与愿违，非但没有打开沈先生的心结，反而让他觉得是一种敷衍。另外，王女士父母所表露出的满满不信任，王女士一方面为了避免引起父母的不快而不向他们解释，另一方面又因为担心造成沈先生的自卑和失落而故意回避这一问题。王女士在工作上顺风顺水，扩大了落差，更让沈先生感到羞辱，感到被轻视，愈发自信不起来。

所以，回避并不是明智的做法，伴侣间可以坦诚地就这个问题进行沟通讨论。

首先，如果王女士能够更多地肯定创业对于丈夫的意义，以及对沈先生当初在企业中过人的实践能力的钦佩，那么就能降低沈先生的忐忑和可能遭到妻子嘲笑的预期；沈先生也可以叙述创业中各种高光时刻带来的自豪与身处至暗区间的沮丧。伴侣间情感的真诚表露，能让彼此觉察到对方的信任，以及愿意共同解决问题的诚意。

然后，可以就创业的细节进行描述和分析，在这个环节，耐心地倾听最为重要，不打断、不随意发表意见以显示自己的正确。当一方提出解决方案后，不要用"好的……但是……"这样的转折用语，虽然比"不对"显得委婉，但依然是"否定"，要知道之前的挫折其实已经消磨了不少对方的自信心。任何一方都要努力站在对方的角度来看待问题，提出一些假设性问题，以启发彼此更广泛和深入地思考。把握好这些沟通原则，一是可以发现解决问题的更多可能，二是在充分信任的讨论环境中，如果屡屡发现前方是绝境，放弃也会是心甘情愿而非心灰意冷，更不会纠结于"面子"而死磕到底。

总之，在沟通时，对对方表露出的各种尝试、努力、成绩表达明确的肯定，让对方确信不会因一时的挫折而减少来自另一方的欣赏,从而坚定共同面对问题、紧密合作解决问题的决心。

围绕问题开展的沟通,既考验着伴侣们解决问题的能力,又显示了亲密生活的能力水平。因为,当问题的解决不再陷入争吵、积怨、再争吵、再积怨的恶性循环,从一个人面对问题变成夫妻"组团打怪",那就意味着亲密关系更为巩固,应对挑战的能力进一步加强。

（四）亲密不应只在父母和孩子之间流淌

现今,夫妻对生育往往持审慎态度,除了制度原因外,更因抚养成本、教育成本、住房成本、就业压力等诸多因素,让生儿育女成为夫妻双方的一个重大决定。因此,孩子一旦降生,必然成为全家人——父母、祖辈,以及其他亲属的关注重点。看着孩子日渐长大,父母感受着生命延续的神奇和伟大,一面为孩子成长付出的时间、金钱、精力而自豪,另一方面还在心中不断积极勾画孩子的未来。我们发现,这种积极体验,在孩子婴儿期最容易获得,伴随着孩子入托、入园、入学,家长遭遇的挑战日渐增多,焦虑逐渐累积。此时,家长往往倾向于通过寻求社会资源——如各类教育培训机构帮助自己的脱困,同时家长们也渐渐意识到,建立高质量的亲子关系将有助于孩子健康成长,而且这日渐成为社会共识。一向敏感的影视作品也证明了这一趋势,从

20世纪末至今,像2005年的《家有儿女》,2015年的《虎妈猫爸》,2016年的《小别离》,以及2019年的《小欢喜》等,无不成为收视热点,并引发一轮又一轮的热议,而1980年代引入的美国情景喜剧《成长的烦恼》更是被众多观众奉为经典。有家长感叹道:"当年我是羡慕迈克、卡萝尔、本有那样的父母,现在我要努力成为西佛夫妇!"

沈先生也希望能够成为孩子的朋友,更希望自己成为他的引路人。在孩子入学后,沈先生为孩子倾力打造一切,课内辅导、课外学习、体育锻炼、休闲娱乐……他熟悉孩子的每一位授课教师,了解孩子在校的每时每刻,绝不轻易放过孩子每一处学习上的纰漏。每逢寒暑假,他都会按照寓教于乐的原则安排丰富的活动,让孩子在欢笑之余还能有所得。在孩子小学阶段,沈先生收获了所有家长的钦佩,老师也觉得他是个难得的好爸爸,因为从来没有哪个爸爸会在学校出现得如此频繁,和老师交流得如此深入。因为极少看到王女士,他们甚至一度以为小沈是单亲家庭。这一阶段,原先存在于沈先生和王女士之间的矛盾似乎消失了,王女士对沈先生的赞赏明显增多了,和相恋时的肯定颇有几分相似。但是,随着小沈进入青春期,对独立的要求越来越强烈,不希望爸爸过多、过深的介入到自己的生活中。虽然沈先生依然在勉力维持原有的教育模式,但遭遇到越来越大的阻力。最终,冲突爆发,小沈用坚决的违抗、对立,来彰显他对自己的控制权,而沈先生再也无法对已是高中生的小沈进行约束。

那么,沈先生希望孩子争气、成功、超越有错吗? 显然没有。可是,偏偏是这份苦心,却给孩子带来了无穷的压力。症结就在于"你要为我争气"。从创业受挫起,沈先生一直有着浓厚的自卑心理,虽然掩饰得极好,但却在与小沈的亲子互动中明白无误地展现出来:他是将小沈作为实现其自身理想的工具,希望通过小沈的成功来证明自己"是有用的",可惜完全忽视了小沈是一个独立的生命个体。

那么,沈先生的"要争气"能否成为孩子前行的动力呢? 答案是可以的,只是要做点小小的转换——沈先生自己要争气。沈先生需要尝试的是走出自己的困境,从"为我争气"变成"我们一起为自己争气",而沈先生转变的动力可以从良好的夫妻关系中获得。良好关系的营建,取决于合作,起始于沟通,柔顺于抚慰。虽然两人都知道合作育儿的重要性,但实际上两人很少在一起协商,既对对方缺乏合作意识暗自腹诽,自己又少有关心对方的工作感受或养育烦恼,对家庭分工进行简单切割——王女士负责在外工作,沈先生负责在家陪伴。王女士恰逢事业上升期,觉得沈先生创业失败没有关系,把家管好也是一种胜利。沈先生却并不认为这是他的胜利,他想要用一个更清晰的结果证明自己的价值,工作无法实现这一目标,那就用孩子的成绩来证明。两人缺乏共同任务,又较少沟通,互相激励和支持更为稀少,夫妻关系因为彼此的生活内容无法交织在一起,关系的牢固性就会减弱,关系所具备的力量渐渐萎缩。

回到"争气"这个话题,当夫妻之间的关系足够牢固,交流足够充分,那么双方在家庭生活和工作中就将呈现出积极状态,比如对工作尽心、对家庭负责,生活态度更积极,胸怀更宽广。即使创业依然艰难,但沈先生的不断摸索,王女士的积极鼓励,两人在相互扶持中展现的爱意,对待问题的积极态度,以及思考的方式,都会在不经意间传递给孩子,孩子也会有意识地观察并模仿。所以,有良好夫妻关系作为基础,家庭就拥有了健康的底色,当向孩子提出"要为自己争气"时,他应该更容易接受,并愿意去做尝试。即使暂时失败也没关系,因为他知道,父母会给予他真诚的抚慰,就像他们之间的彼此安慰。

婚姻,开启了两个人的崭新旅程:他们开始新的合作——建设自己的家庭,迎接新成员——生儿育女,他们开始整合更多元的社会关系——夫妻各自的家人和亲属。从更高的视角看,他们从踏入婚姻大门的那一刻起,需要开始适应作为这个家庭成员的新身份,从原先各自独立的"我"

和"你",逐渐接纳彼此,最终成为"我们"。当然,接纳并非等同于完全认可、完全一致,而是对"我"和"你"的差异持积极的态度,友好对待彼此的不同,真诚理解产生不同的缘由。所以,"我"和"你"在形成婚姻关系中"我们"的同时保持着适度的独立,彼此被爱和理解包裹,婚姻关系就能产生温暖。虽然炽热程度减弱,但往往更为持久。浸润在爱和理解之中的"我们",当面对必然出现的各种问题时,更容易形成合作解决的意愿,彼此相属的感觉在抵抗来自内部或外部的困难时更具力量。

第二节　心理学视野中的两性发展和婚姻关系

一、两性关系的重要指标：心动和性动

在两性关系里,彼此之间有两种接触,一种是心动——情感上的两情相悦,一种是性动——身体上的亲密接触,两者缺一不可,水乳交融。

我们或多或少都有过这样的经验：无论我们在恋爱的时候有多么的甜蜜、浪漫,相处一段时间之后,彼此的各种

性格都会渐渐显现,其中不乏不够可爱的地方。每个人都有来自于原生家庭的生活习惯和思维定势,世界上绝大多数的人都不是天生契合的,因为我们需要面对的是彼此累积二三十年的习性。婚姻的彼此需要经历不同的思想观念、行为方式以及生活习惯等的磨合与调整:无论是价值观、世界观、待人处事、生活工作态度,还是彼此沟通交流的习惯、生儿育女的教育方式,等等,于是婚姻关系中的两性发展和亲密融合就显得尤其重要。

很多人认为心动只是一瞬间,随着彼此相处时间的久长,双方了解加深,两个人不再陌生,不再对彼此好奇,再加上生儿育女、家庭琐事的各种缠绕,当初的爱情之火似乎在渐渐熄灭,两人走向结伴过日子的淡淡的亲情。大部分人不太相信,结婚以后仍然能够保有令人心动的亲密,婚后依然能够继续追逐浪漫的爱情,这多半和我们原生家庭的亲密关系或从小看见的爱的榜样有关。这种关联印象并非来自恶意,往往出自良好的动机。比如父母尤其是妈妈,常会下意识让孩子觉得这个世界上最重要的关系就是亲子关系;单亲家庭或者夫妻离异者,提醒子女不要在今后重蹈自己的覆辙;又如家庭中夫妻双方恶语相向或者因为压力、心情不好而迁怒子女……上述种种往往会成为负面的榜样,会深深地影响下一代对亲密关系的认定和信任。

一份始终保有着心动和性动的亲密关系，是会带给人充分的安全与信任感的。经过长时间的印证我们可以发现，男性无论是否优秀成功，内心都希望被仰慕和敬重；女性无论是否温柔让人怜惜，都渴望享有被爱、被呵护的甜蜜。两个人一起生活是越来越乏味平淡，还是越来越心动迷人，就看如何经营这份亲密关系。人与人的关系大多时间犹如照镜子，不经意间彼此影响和相互模仿。好的婚姻状态中的夫妻，看起来都在为对方做积极的调整，其实最大的收益者恰是自己，在亲密关系里轻松有趣的你，会是吸引对方成为更符合你希冀样子的最有效的捷径和影响因素。想要彼此亲密融合，生活有情趣，首先要让自己变得有趣，"有趣"是快乐生活的必要元素。既然是自己想要的，那就要把有趣当作自己的事，先让自己变成一个有趣的人。如果连自己都做不到，那有什么立场要求别人呢？通常，当我们真的变得有趣，对方也会渐渐被我们影响成有情调的另一方。把彼此的关系变成美好的心动。就亲密关系而言，很多生活中的场景都能创造出美好有趣的心动，只要愿意，其实并不困难。比如忙了一天回到家，迎接自己的是爱人甜美的笑容，放松的互动，温馨的氛围，想想就觉得是一件令人非常愉悦舒服的事。你看，像这样的情趣一点也不难，不用大费周章，煞费苦心。其实，真正困难的，是我们在亲爱的人面前，无法真正地柔软下来，姿态和心态都太过僵硬。

想一想，我们为了拥有一份喜欢的工作，一生要学习很多的技能和特长；我们会努力去表现，希望在工作中能够得到更多的赏识、更好的成绩、更好的回报、更好的发展。其实婚姻关系也是如此，所有的经营都是为了自己的好日子。既然我们可以为了事业去调整我们的步伐，那么为了亲密关系，我们也应该可以。例如，我们面对客户时习惯笑脸迎人、良好地表达，那么对于亲密关系的另一半，为什么要摆出冷漠的表情呢？换位思考，如果对方经常冷言冷语，我们也会觉得待在他的身边是一种煎熬。既然冷淡另一半无法给自己带来幸福，还不如好好经营。多一点和颜悦色，不吝啬表露自己的真心欣赏，担负起情绪上应该负的责任，不指责，不冷漠，不咄咄逼人，用每一次四目相对的机会，换来怦然心动的感觉。再把怦然心动带到每天的生活里，学会花一点心思让生活变得更有趣。我们相信每个人都希望亲密关系的另一方是自己幸福的滋养来源，希望一看到另一半就能够开心放松自在，既然如此，那就让我们自己先成为那个不给对方压力的人。

中国有句老话叫作"夫妻床头吵架床尾和"，说明我们的老祖宗都知道性爱是保有亲密关系非常关键的调和剂。

保持性爱的最高品质在于两个人都心甘情愿,唯有心甘情愿才会有真的性福,而最关键的要素是双方都能从中满足彼此的情感需求。《2016年大学生恋爱和性健康》调查统计,两人相恋初期时性冲动最为强烈,平均大约5至7年性欲会慢慢减少甚至完全消失,亲密关系中所说的"七年之痒"也与亲密性福有关。在性爱关系里,不论男人是生理需要还是激情所致,当女人能够懂得欣赏、回应对方的全力以赴,这对亲密关系而言是极大的鼓舞。为了拥有更长久、忠诚有趣、身心都健康的亲密关系,我们可能要花一些心思破解这种性爱与亲密中间的障碍与隔离,探讨如何在亲密关系里持续创造与性福。

二、阻碍两性关系亲密发展的障碍和原因

(一)亲密关系的两大杀手:恶语相向和冷漠

当我们自己脾气急躁、话语尖刻时,无法要求另一方可以带着包容和怜惜,心平气和地冷静分辨哪些是气话、哪些才是真实想要表达和沟通的重点,两个人的沟通、互动模式,决定了亲密关系的品质。当出现意见分歧时,我们很容易触动内在一些积压许久的情绪,尤其是以"爱"之名的贬低批判,轻慢挑剔,甚至压迫羞辱,更容易让争执情绪化而忽略了问题本身。而双方一旦有了"撕破脸"的经验,情绪

过后又没有及时觉察、修复，那么下一次争执来临，即使可能不是为了同一个问题，但情绪上仍会延续上一次的冲突经验。换言之，就像是养精蓄锐后两个人继续战斗，这就是有些伴侣通常会越吵越凶的原因。时间一长，双方的感情就会因此磨损、变质，当摩擦越来越多，离我们"执子之手，与子偕老"的初心就会越来越远。

很多家庭矛盾都是从内心小小的不舒服开始的，如果当事人不懂得表达，持续沉默不说，隐藏久了就会形成不想沟通的逃避习惯，但内心的不舒服并不会因为沉默压抑而自动化解，待下次冲突来临时依然会冒出来。没有经过转化的负面情绪，无论压抑多久都仍然具有杀伤力。

（二）双方情绪界限责任不清

通常我们很容易把对方的不开心当作是自己的责任，所以当感受到对方不开心的时候，为了逃避自己的责任，我们会在潜意识中认定对方的这种不开心是错误的。甚至会认为对方的不开心是对自己的一种指责，所以会产生"你不该有这种不开心"的想法，下意识想要说服对方接受自己的判断认定。而当对方感觉自己的情绪没有得到同理和支持时，就容易变成双方产生争执的源头。同时我们又非常容易把自己的不开心怪罪到对方身上，由此演变成沟通不成相互指责的状态。

（三）原生家庭的"咒语"

很多从小被父母以否定和批评养大的孩子,在成年以后,会不由自主地贬低自己的价值,并下意识地把自己活成悲剧性人物。"我真的很糟糕""没有人会要我""没有人会真的对我好一辈子"……这些从原生家庭背负过来的咒语,如果当事人没有自我觉察力,就会一直被"咒语"影响、牵制。这样的人即使进入了一段还不错的亲密关系里,也会把关系搅得鸡飞狗跳、一塌糊涂,以此验证自己潜意识里被灌输的已有认定——没有人会一直爱我。

（四）家庭关系排序的认知偏差

我们从小到大可能都有一个非常错误的认知,就是觉得这一生中最重要的关系是亲子关系。其实,我们这一生中最重要的关系是夫妻关系,它是一个家庭中最重要的基石,毕竟这两个人是建立一个新家庭最重要的原因。我们要记得爸爸妈妈都会老,孩子长大了也会离开我们,只有爱人会陪你过日子。所以,在这个世界上,不论是核心家庭还是其他类型家庭,最重要的关系首先都应是夫妻关系。

（五）损耗亲密关系的金钱

有很多亲密关系卡在钱的问题上,金钱似乎是埋在亲密关系里的定时炸弹,随时给人以紧张和压力。但是冷静观察就会发现,不见得是为真实的贫穷或富裕争执,通常问题在于基本的心态。很多家庭并不是当下很缺钱,但是夫妻会经常为钱争吵,也有很多家庭生活得并不宽裕,夫妻却从不为金钱起冲突。损耗亲密关系的不是金钱的数量,而是存在于金钱背后的思维模式和焦虑程度。当两个人的认知是一切以金钱为主、爱为辅,就很容易因金钱而冲突;当一切以爱为主、金钱为辅,关系就会借着金钱的魅力而更加亲密。

（六）羞于启齿的性福

我们都知道性爱在亲密关系中非常重要,只不过婚后,尤其是有了孩子以后,很多夫妻会渐渐在性爱关系上产生分歧。比如当女性怀孕生产以后,她对于身体亲密感的需求,有可能被哺育孩子替代。此时强烈的母性因为有了孩子作为出口,自然而然容易忽略掉先生的生理需求。就生理来说,女性的荷尔蒙会因为怀孕生产而改变,而男性却依然如旧,如果一味地认为作为父亲就应该跟母亲步调一致,在怀孕生子时都有共同巨大的身心转变,那是不切实际的。其实无论长幼,每个男人的心里都住着一个长不大的小孩,渴望被自己所信任的女性关心和重视。当女性生产升级为母亲以后,随着母爱的自然发展,可能会忽略对丈夫的那部分关怀和重视,那么男性内心的"小男孩"就会感觉正在面临"失宠"的危机,但又无法和幼小的孩子"争宠",准确又体面地表达自己内在的不安和需要。如今准备孕育二宝的家庭,都能想到要关心大宝的情绪变化,避免孩子因家中增加新生命而心理失衡。但无论是文化传统还是社会认知,人们都极少会让女性意识到在拥有幼小生命的同时,其实家中那个"大龄男孩"潜意识里也会觉得失落和伤心,同样需要爱人给予抚慰和支持。

三、消除亲密关系发展障碍的路径

(一) 悦纳自己,不否定自己,也不否定别人

接纳自己的全貌,尊重、不否定自己的真实感受,也不否定别人。这意味着不要轻易批判自己的脆弱和负面情绪,或下意识认定内心不舒服的感受是源自于自己的敏感、小心眼等,潜意识里我们以为"接纳"似乎就等于承认自己的"不堪"。所以我们会拒绝接受或试图逃避真实感受。其实所有负面情绪的背后,可能还代表了"我很在乎""我希望"的善意,其重点在于我们需要正视内心真实存在的不愉快,当觉察到这种不舒服的感觉确实存在时,要学会接受而不是回避。如果自己无法解决当下的情绪,可以寻求外界的专业支持,如:和心理咨询师进行有效沟通。在交流、倾诉的过程中,我们会觉得自己被听见、被理解、被珍视,负面情绪在这种受到支持和疼惜的氛围下,自然会转化为良性

动能。只有当我们善待了自己，才可能孕育出同理心，来善待另一半或其他人。

（二）尊重双方的界限，做情绪的主人，学会有效沟通

觉察自己的真实状态，而不是情绪一来，就肆无忌惮、毫无遮拦地数落指责别人。有些人把"直爽"当成是合理化伤人的借口。强调"我是个直率的人""我是为你好"，其实只是给自己的任性、迁怒、戾气，找一个趁机宣泄的理由。数落指责往往只会让人更想防御保护自己，加重不肯面对的防御机制。正确的做法是单纯表达自己当下的状态，提醒对方不要刺激此刻情绪紧绷的自己，允许自己有余地缓解和反省。比如："我觉得自己现在很难过，我想我们过几分钟再说这件事好不好，让我冷静一下"，而不是控诉和指责对方，也不是强调自己的正确性。在家庭关系中，大多数是一地鸡毛的小事，学会不争是非对错，只处理彼此的情绪模式，让对方配合自己的情绪处理机制，也尊重对方的情绪模式。虽然双方会有意见分歧，但意见分歧不代表任何一方是糟糕的，或者这段感情是错误的。不相互攻击，不否定彼此，这才是一种正向良性的情感交流模式。

（三）坚信自己值得被爱，放下对亲密爱人的指责和雕刻

即使再觉得合适的男女相恋、相处，也依然无法逃避磨合的问题，无法避免真实的摩擦。当两个人有情绪冲突的

时候,"在爱里保持彼此的尊重",就变成知易行难的事。在冲突中,可能是不认同彼此的观点,也可能是不认同彼此的态度,这些不认同会勾起我们孩童意识中的某些创伤体验,会让自己产生改变对方才能表明"我值得爱"和"为你好"的念头,使得我们情不自禁用到儿时已习惯的父母应对模式去修正对方的"错误",即使这个模式并不是自己喜欢的。无论另一半有多完美,相处的时间一久,难免会有些我们无法认同的个性和习惯,而这些让人难以接受的不完美,可能正显露着我们自己不愿意面对的内心阴暗面。想要经营好一段亲密关系,需要培养强烈的自我觉察力。当我们不由自主、极尽所能地想把对方改造成我们觉得很完美的样子,实际上,仅这样的念头就已违背了尊重的本质。女人想拥有被爱的感觉,就要从尊重男人、关注他的优点开始;男人想获得女人的尊重,就要多陪伴呵护,让女人有被爱的感觉。当我们在两性关系里多一些觉察和反省,不再用锋利的话语抨击刺伤对方,让自己感觉所谓的胜利;不再用忽视冷淡的方式来伤害对方,让自己有所谓的尊严;当我们觉察到在亲密关系里双方是一体的,不可能有厚此薄彼的欢喜或悲伤,两性关系的亲密融合才得以正向发展。

(四)和自己的过去和解,打破原生家庭的"咒语"

原生家庭的情绪交流模式极可能演变成一种世代传

递。曾经被父母用情绪捆绑的孩子，成年后可能会有意无意地用同样的方式来控制自己的家庭成员和孩子，当年的受害者会不知不觉地成为了另一个施加者。很多这样的孩子长大后的心路历程，几乎跟父母的脉络都相距不远，只是程度轻重而已。通常我们可以从一个男人与他母亲的相处模式，大致能够看到他日后和伴侣互动的缩影，从一个女人与父亲的互动可以看出日后与丈夫相处的模式。当亲密关系出现问题，千万要忍住不要在孩子面前抱怨，更不要试图让你的孩子去对抗或者反对另外一方。有的时候并不是父母刻意这么做，但他们下意识透露出的信息和情绪，会让年幼的孩子充满"自己不够好"的挫折感，而所有跟父母的互动模式默默地塑造着一个人的人格。

只有极少数后天拥有觉察力的孩子，会在经历人情世故之后，慢慢理解父母亲，谅解成长历程中的所有遗憾。但绝大多数人是在对爱的误解中懵懂度过一生，他们不会觉得两性关系的亲密融合有多么重要，并且继续以错误的态度和方式来对待身边的人，继续重复上一代的错误。所以有意练习每天带着觉知去感受体会，观察周围已经存在的幸运，放大伴侣身上的优点，优化已有的情绪应对模式，当某天负面情绪跳出来掌控我们的思绪与情感时，可以有意识地自我点醒，打破转化自卑、忧伤、无力的状态。我们从原生家庭中承袭了某些释放情绪的习惯，如果爸爸妈妈喜欢唠叨，喜欢说刻薄难听的话，那么我们很有可能也会养成类似的习惯。如果真的想拥有幸福快乐的家庭关系，那就需要学习停止唠叨或嫌弃对方的习惯，打碎儿时极端无意识的舒适圈。之所以称其为舒适，是因为我们对它太熟悉、太习惯，故而会沉溺其中，哪怕并不舒服。

（五）承认需求，在亲密关系中做真实的自己

性爱身体接触是亲密关系的缩影，无论两个人认识多久都不要放弃彼此性动的权利。

很多女性都会存有"生了孩子，自己最主要的任务就是当一个好母亲"的理解误区，对于女性的其他身份需求，尤其是性需求，会有本能的羞涩甚至羞耻感。在两性关系里，就算是一开始非常契合的伴侣，也需要常常保养彼此的亲密关系。生活里有太多琐碎的是非与不满，足以磨掉两个人的幸福感，所以无论如何，生活繁杂、扶老育幼、情绪压力都不能成为让亲密关系自生自灭的理由。女性要学会开口和另一半交流自己想要的性或者是爱，很多时候，亲密关系中的问题不是出在性生活的不协调上，而是因为沟通不良。

亲密融合中的沟通技巧很重要，要对对方的付出表示欣赏，然后告诉对方，当他做什么的时候是你喜欢和享受的。女性往往不好意思说清楚自己想要什么，总抱着幻想

觉得另一半的表现应该会符合自己想要的浪漫和期待，或者干脆先回避自己的需求。其实，当女性回避性福问题时，会让身边的男性不再感觉到伴侣对自己的渴望。在性爱中男性也需要女性的支持与接纳，希望有一个能够理解包容呵护，欣赏疼惜他们的女人。被疼惜、被欣赏的渴望，并非只是女性的专利，这种心理需求男性也有。所以当婚姻中因生儿育女或其他生活事务影响了夫妻之间的亲密性福后，男性抵挡其他女性的魅力将会相对困难，原因在于男性潜意识里的"小男孩"会发难，会无意识地开始向外散发信息。即使外表理性的大男人想极力忽略或克制，但只要内心的"小男孩"迫切希望得到赏识的欲望没有被满足，大男人就会被心里的欲望推着去寻找替代者。

（六）厘清亲密关系排序，减少对错判断，接受差异

婚姻家庭的亲密关系里，夫妻关系应该是家庭中最重要的基石，把经营夫妻之间的亲密关系放在家庭的首位，对一个家族中的父母、儿女，包括自身，都有着正向的影响。在伴侣之间的交流沟通中，要学会耐着性子敞开自己的心扉，不批判地去听完对方所说的话，这是一种最自然有效的共情、支持、尊重、欣赏和鼓励。

在工作中我们不得不把某些负面情绪隐藏起来，习惯扮演一个善解人意、风度翩翩、讨人喜欢的社会人。但不少

人因为无力处理自己的负面情绪,所以会下意识将坏情绪打包带回家,把家当作负面情绪的垃圾桶。语言暴力对一个人的影响特别大,很多人对这个世界抱持灰色扭曲的态度,多半是来自童年不愉快的经验,那些不堪的过往,暗自主宰着成年后对人生各方面的决定和看法。对此当事人往往没有自觉,或者就算隐约知道了,也无力真正去面对解决。

不批判,是人与人之间非常重要、高价值的交流模式,它能使人放松,让人更愿意面对自己的错误与软弱,从而卸下防御心。相爱伊始,对方一定有可以填补我们某些需求有价值的地方,所以才吸引了我们。心理学中有个吸引力法则,当你不断放大他的缺点,就会觉得自己人生悲惨,如果你着眼放大他的优点,你就会觉得自己是一个幸福和幸运的人。在一段漫长的亲密关系里,我们想要提升亲密,拥有幸福感,就要学会用最大的诚意展现彼此的温柔、温暖与快乐相爱,相知相守,互相珍惜。要锻炼自己,睁大眼睛,尽可能让生活中那些美好的片刻尽收眼底,让人性的美好品质尽可能在生活中持续涌现,我们要能看得到别人付出的点点滴滴,放大对方的好,我们才能够看见幸福。

最后,我们再用三个案例回溯一下本节的内容:

为何我总是招"渣"

小华的父母在她很小的时候就离异了,从小父亲的缺席缺位,让小华一直对男性存有很多的想象和要求。名校毕业面容姣好的她,在工作中结识了一位高大帅气的男性,很快步入婚姻的殿堂。结了婚以后,小华慢慢发现自己对老公越看越不顺眼,总觉得他有这样或者那样的毛病,总之她对老公越来越挑剔,满眼都是不断放大的缺点。渐渐的,她老公越来越不喜欢回家,公司只要有出差的机会,他就会尽量争取,美其名曰是为了能够挣更多的钱。很快的,他就真的变成了小华口中那个不负责任、不关心家庭的渣男。小华觉得自己在婚姻中得不到温暖,于是有了外遇,老公变成了前夫。一开始小华觉得外遇对象和前夫完全不一样,但不知为什么,再婚以后发现现任越来越像前夫。于是,小华又习惯性地开始挑剔,现任也开始不喜欢回家……小华觉得自己怎么那么倒霉,总是遇到渣男,沮丧的她开始寻求心理咨询,希望找到答案。

小华对身边异性最大的抱怨就是不负责任。在这句不断重复的抱怨中,其实蕴藏着她母亲对爸爸的怨怼和愤怒。

从小母亲反复灌输给女儿的，就是男人都不靠谱不负责任，这样的标签长期刻画在小华的脑海里。某种程度上我们每个人的内心都有一个自动化的自我保护机制，当我们没有习得正向的亲密关系融合方式时，亲密关系稍有不如意，我们就会下意识选择退缩、逃避和放弃。现实生活中，常会听到这样的说法："我老公越来越像我老爸了！""我老婆越来越像我老妈了！"……其实无论我们喜不喜欢，都已经把父母的互动模式复制到了自己的亲密关系中。很多人在理智上都明白感情或者婚姻是两个人的事，不应该将彼此的父母牵扯进来，但实际上还是不可避免地把早年耳濡目染的情感惯性带进亲密关系里。尽管如此，我们还是可以透过有意识的觉察，或者由一位可以带领并引导你的伴侣，得以从原生模式惯性中解脱出来，发展成不同于自己父母的应对模式。

案例中小华的前夫再婚后，有了一个可爱的宝宝，俨然是一位标准的好丈夫、好爸爸，跟太太的关系非常甜蜜美好。

在婚姻关系里有一个非常关键的阶段，女性提醒自己把母性的本能转移一些给身边的爱人，要花时间和心思让爱人知道子女的诞生、存在，都不会取代他在你心中的重要地位；男性则学着让女性知道自己内心的需求，提醒妻子知道你依然需要她的关注和热爱，需要她母性的滋养和抚慰。当伴侣之间充满着带有爱意的说话交流和行为举止，就能不断发展充满温暖幸福的婚姻生活。

不同角度的表达

丈夫下班回家，因为单位里事务繁忙，心情比较烦躁。一进家门看见屋子里狗狗乱跑，孩子玩具到处都是，就随口抱怨说："哎呀，家里怎么乱七八糟的，你一天在家都干什么了？"听着先生的指责，太太的脸也随之阴沉了下来，心里充满了委屈和愤怒，两个人唇枪舌剑地对战了起来……突然，男人停了下来，说："不对，要不我再来一次，刚才的状况好像不太妙。"男人起身穿好外套，拿起皮包开门外出，重新走到门口，男人说："亲爱的我回来了，我很想你！你今天好吗？""哦，亲爱的我很好，你呢？累了吧，要不要先去洗个澡？"太太开心地回应。

这是著名心理学家肯尼斯·克拉克讲述的他和太太玛丽之间的一个生活片段。彼时，肯尼斯先生已经年过80，太太70多岁，他们相依相伴了50多个年头。看得出来他

第二章 婚姻关系与家庭教育

们生活在一个有情趣有智慧的亲密关系里，双方有极强的自我觉察力和很好的沟通包容能力，相信也应该有着性福的伴侣关系。肯尼斯先生说过，任何一份美好的感情，终其一生，伴侣双方都会产生有 200 次想要离婚的念头和 50 次想要同归于尽的冲动。重点在于如何经营这份感情，伴侣之间学会用和善的态度，既不压抑也不敷衍，既不逃避也不隐藏，面对面的真实沟通，代表了彼此之间爱的尊重，这是在亲密关系中非常重要的学习与领悟。

案例2-4

爱要怎么说出口

小娜已经和男友度过了热恋期，准备谈婚论嫁了。但小娜心里一直有点不舒服，如鲠在喉。虽说男朋友非常喜欢和疼爱她，但是小娜发现他在网络社交平台上的感情状态，并没有从"单身"改为"稳定交往中"。一开始，小娜安慰自己说："男友只是比较低调，反正我和他都不是爱炫耀的人，感情又不是演戏，没必要做给别人看。"但是她又发现男朋友依然喜欢在微信或者其他一些社交平台上和异性打情骂俏。看着男友和其他女性你来我往，显得有些暧昧的文字，小娜非常生气，但是又没有勇气去向男友兴师问罪，或者跟他公开谈论自己的感受。小娜来询问心理咨询师："我是不是太小心眼了？我要是生气是不是显得格局很小？别人会觉得我是个爱计较的女人。我们现在还没有结婚，是不是我并没有立场约束他？"

小娜在表述中提到的一连串问题都是出自别人的立场、别人觉得……就是没有提自己有多难受。她明明为情所苦，可是她却没有提到自己，回避了切身感受。心理咨询师引导她说出自己的真实感受："我就是受不了看着他和别人打情骂俏，忍得了今天，那么明天呢？我怕他生气，怕他不能接受我真实的想法，怕他觉得我作、麻烦，怕他觉得我不是对的人，然后就分手了……"小娜真正的恐惧在于她担心男友认为自己不是对的人，却忘了在亲密关系中要把自己的需求和不安全感，和对方的需求和不安全感看得同等重要，这才是健康的交互模式。如果对方不接受小娜真实的情绪想法，那对小娜而言对方也不是对的人。

很多人在有意无意间就是这样看待自己的感情，在乎恋情的成败得失，远远超过在乎这段恋情是否合适自己，能否令自己快乐。让这种害怕失去的心情主宰了所有，宁愿选择承受低落的心情，也不敢直面冲突和矛盾，宁愿吞下委屈和怒气,也不敢给彼此一个深度沟通的机会,所有焦虑围绕在害怕失去而不是创造幸福上。心理咨询师鼓励小娜要坦诚告诉男友自己的真实感受,如果说了后这段恋情告吹,只能说明彼此并不是对的人,勉强结婚,也会后患无穷。小娜后来鼓起勇气告诉男友,不喜欢他和别人打情骂俏以及心里的小疙瘩。本来以为要多费口舌才能把话说清楚,没想到男友立即表示道歉,大大咧咧的男友并不知道自己的做法会引起小娜的不快,他当即修改了自己在社交平台上的单身状态,并保证会注意以后和异性交往的分寸。自此以后,小娜和男友感情更加炽烈,婚后生活也如胶似漆。如果小娜当时隐忍不说,只会虚弱地困在自己的情绪里,就不会感受到男友在乎她的真挚情感,也没有机会帮助男友意识到亲密关系中的不足,继而改变成长。

第三节　中国式婚姻融合优化家庭教育环境

　　家庭关系是如此的深刻地影响着家庭教育,这种影响在大部分时候是潜移默化、无意识的。家庭内部的关系就像一个大染缸,把孩子浸润在其中。决定这个染缸基本色调的主要是孩子父母的婚姻关系,各种形态的婚姻关系,搅动着家庭人际关系,塑造着家庭教育的环境。尤其在中国家庭文化的背景下,婚姻关系可谓牵一而动百。

　　一般意义上的婚姻关系健全,也未必一定带来亲子关系的和谐;通常说的婚姻关系破裂也未必一定导致亲子关系不和谐。婚姻融合是一种婚姻关系水平的状态,是两个生命个体和谐程度的状态。婚姻融合影响着家庭关系,从而影响着家庭教育。

◉ **案例2-5**

孩子的火气哪里来

　　小章同学,男生,八年级;2018年5月前来咨询。

　　妈妈来信求助,这样说:

　　孩子自从进入八年级后变得越来越容易发脾气,自己考试成绩不好,就踢桌子,撕卷子。一次,考试不理想,看到成绩后自己掐脖子,据老师讲脸色都发黑了,好不容易才掰开他的手指。他容不得老师批评他,有一次数学测验老师讲解题目,他没有认真听老师讲课,自己做拓展题,老师跟他说:"你考得不好,好好听。"他就用红领巾勒自己脖子。最近一次,因为没有交英语默写练习卷,老师让他重抄。他说誓死不交,然后就要跳楼(教室在4楼),半个身体都探在窗外了,老师拼了命才把他拽回来。所以,现在在家没有上学。学校建议家长带他去看看心理医生,确保没问题后才可以回去上课。

去某医院看了心理医生,通过几次测试和访谈,医生诊断小章心理没什么问题,就是稍微有点焦虑,可以正常上学,并配了抗焦虑的药。学校还没有答应让孩子重回课堂,希望家长再多花点时间,做好孩子的思想工作,干脆等下学期再来上课。

小章妈妈心里着急,希望进行家庭教育咨询,确保孩子已经心理稳定了,早一点回学校复课。

咨询中发现:

1. 小章家庭是一个相对比较稳定的家庭,全家五口人,爷爷奶奶、爸爸妈妈和小章同学。父亲是外省市人,入赘到女方家里,目前在外资企业工作,是个中层干部。母亲是本地人,独生女,会计,在街镇资产管理公司上班。

2. 小章父亲在家中对家庭事务基本没有决策权,家里的三套房子中有两套是小章爷爷奶奶和妈妈名下的,另一套房子是爸爸妈妈共同名下的。日常生活中家庭成员的互动模式是爷爷妈妈一唱一和地形成家庭事务决策,奶奶配合,三个人紧紧围绕小章生活和学习。爸爸一般插不上手,也说不上话;认真上班,回家后一般都在上网,又或者早出晚归。

3. 小章爷爷以前是乡镇干部,现在主要工作是照顾孙子的日常饮食和接送上学。自从上了初二,小章几次提出自己骑车或步行上学(学校很近,大概800米),妈妈不同意,理由是闹市区交通复杂不安全。

4. 小章体格壮实,也比较胖,身高超过175厘米;可是平日生活一向由妈妈和爷爷奶奶安排,就连洗澡,妈妈还要帮他搓背(怕他自己洗不干净);同学们给他取了个绰号"大熊"。

案例中小章的情况,看似找不出个所以然来,一般就归结为青春期叛逆,或者说去诊断有无心理疾患。实际上即便确认是青春期叛逆,或者确认是躁狂之类的心理问题,我们还是要探究他内心这股破坏性的能量从哪里来。他的无名之火主要来自他的自主性诉求被严重压抑,也来自家庭中的另一种无形力量令他很反感——爸爸的被边缘化(也许是爸爸主动退出)。在这个看似四平八稳的家庭中,暗暗的力量正在凝聚和涌动,显然已经深深触及小章的心灵世界。对此,他既无能为力,又对自己的无能恼火至极。他所生活的家庭中，父母婚姻融合并未真正完成，甚至可能都没有真正开始过。现在折射出来，亲子关系的不和谐已极其明显。

一、婚姻融合中爱的能量

社会心理学家研究发现了爱情的三种基本形式——情欲之爱（充满自我展露的浪漫激情的爱），游戏之爱（视爱情为无需负责的游戏），以及友谊之爱（如友谊般的感情）——它们就像三原色一样，组成不同种类次级的爱情形式。有的爱情，如情欲之爱和友谊之爱相结合，能够预测较高的关系满意度；而另一种爱情，如游戏之爱，则能够预测较低的关系满意度。

（一）激情之爱

激情之爱是深情的、极富激情的爱。对满怀激情之爱的一方而言，如果对方对自己的热情做出了回应，那么他就会感到满足而快乐；如果对方没有做出回应，他就会觉得空虚而绝望。就像其他激动的情绪一样，激情之爱也包含着情绪的急转突变，忽而兴高采烈，忽而愁容满面；忽而心花怒放，忽而伤心绝望。弗洛伊德曾说过，"再没有比恋爱时更容易受伤的了"。激情之爱使人专注于自己的爱人，处于强烈渴望和对方在一起的一种状态。

尽管激情之爱可以热火朝天，但最终还是会平静下来。一段关系维持的时间越长，它所引发的情绪波动就会越少。浪漫爱情的高潮可能会持续几个月甚至一两年，但是没有一种高峰期可以永久地维持下去。西方心理学界研究发现，结婚两年的夫妻所报告的情感体验比他们新婚时报告的少了一半以上。如果一段亲密的感情能够经受住时间的考验，那么它就会最终成为一种稳固而温馨的爱情，哈特菲尔德称之为伴侣之爱。

（二）伴侣之爱

与激情之爱中狂热的情感不同，伴侣之爱相对平和。它是一种深沉的情感依恋，就如同真实生活一样。人们这样说：两个人最开始在一起的时候，他们的心好像在燃烧，他们的激情非常高涨。而后，爱情的火焰会冷却，并且会一直维持这个状态。他们继续彼此相爱，但这种相爱是通过另一种方式——温馨而相互依赖的方式实现的。

浪漫爱情的产生和消退趋势与人们对咖啡、酒精以及其他药物的成瘾方式很相似。同样的事情也会发生在爱情中。激情会逐渐消退直至变得冷淡，关系变得不再浪漫似乎是自然而然的——直到它结束。那些失恋的人、离异的人都会吃惊地发现，虽然早已对伊人失去了强烈的爱恋，但离开以后，生活竟感觉如此空虚。马克·吐温甚至认为：

"没有一个人会真正理解爱情,直到他们维持了四分之一个世纪以上的婚姻之后。"如果一段感情曾经是亲密的,而且是互相回报的,那么伴侣之爱就会植根于共同体验的人生风雨历程,从而愈久弥醇。

现代生活中两个事实似乎无可辩驳:其一,亲密而持久的婚姻关系是幸福生活的标志;其二,亲密而持久的婚姻关系正在减少。与几十年前相比,人们发生经常变换生活和工作地点、离家独自生活、离婚以及拥有接连数段婚姻关系的情况的概率更高。

假如婚姻幸福的心理要素是心意相通、交往和性的亲密、平等地给予和获取,人们必须付出努力才能防止爱情的衰退。例如,每天挤出时间来聊聊当天发生的事情;克制自己的唠叨,不争吵,袒露自己并倾听对方的感伤、关注和梦想;努力使婚姻关系达到理想的完美境界,成为"坦诚信任、无分高低轻重的关系",伴侣双方都能自由地给予和获取,能够共同做出决策并一起享受生活。这种努力实际上是生活的一部分,我们可以换一个词来表达这种努力的含义:积极关注,或是共同投入。

"用心照顾"我们的亲密关系能够使我们获得更长久的满足。澳大利亚婚姻关系研究者诺勒认为:"成熟的爱情能够维系婚姻和家庭,因为它为每个家庭成员都创造了成长的环境……成熟的爱情是被一种信念所支撑的：爱情本身就包括对差异和缺点的承认和接纳；爱情是在内心决定去爱一个人并对其做出长相厮守的承诺；爱情是可以经营的，它需要相爱的人共同去培育。"创造一段平等、亲密、相互支持的婚姻关系，从持久的伴侣之爱中获得安全和快乐。

海灵格家庭排列思想对伴侣关系的四个论述，让我们可以看见伴侣关系中的能量互动：

1. 互利

如果伴侣当中只有其中一人接受而另一半付出，爱将会失去平衡。接受的一方将愈来愈像个小孩，而施恩的一方将愈来愈像父母。接受的一方可能会觉得自己有义务要感谢对方的付出；施恩的一方则会像是不求回报的慈善家而产生优越感。如此一来，伴侣关系将无法平衡，也无法交流：为了达到伴侣关系的平衡，双方都需要有求于对方，并且带着爱付出，并尊重对方的需求。

2. 接受

在精神层面上，伴侣关系中女人接受男人并跟随他，男人接受女人并服务她。伴侣关系中爱的序位是女人跟随男人，这意味着，她跟随男人并进入他的家庭、住处、社交圈、语言及文化，并且她同意她的孩子跟随父亲。我们无法解释这个序位法则，只是当我们检视实际情况，我们会看到它的影响。我们只需比较妻子跟随丈夫、孩子跟随父亲的家庭和丈夫跟随妻子、而孩子跟随母亲的家庭即可得知。但是也有例外，比如说，当父系家庭遭遇艰难的命运或疾病，让丈夫和孩子跟随母系亲族是比较安全而妥当的时候。

正因为如此，伴侣关系中男人必须为女人"服务"。进化论心理学的研究发现，在发展两性关系时，女性会更加小心地考察男性的身体健康及资源状况的信号，以便谨慎处理自己的繁殖机会。男性则需要与其他人竞争，以便将自己的基因遗传下去。男人寻求广泛的繁殖，而女性则需要明智的繁殖。男性寻找的是能够播种的肥沃土壤，而女性则寻求那些能帮助她们整理花园的男人——拥有资源且比较专一的父亲，而不是朝三暮四的花花公子。进化论心理学研究了从澳大利亚到赞比亚的 37 种文化背景下的异性选择，那些暗示生殖力旺盛的外表，比如年轻的脸孔等会使女性对男性更加富有吸引力。而女性则被那些富有、有权力和资源的男性所吸引，因为他们可以为后代提供足够的保护和抚养条件。而男性会努力为女性提供她们所需要的——外界资源和身体保护。就像雄孔雀会炫耀它们的羽毛，男性人类也会显示他们的财富能力和其他能力。

3. 平等

伴侣关系中的爱不同于亲子关系中的爱。如果伴侣将
亲子关系的爱应用在亲密关系中,伴侣关系将受到阻滞及
干扰。

在伴侣关系中,一方期待另一方能够给予全然无条件
的爱,就像是孩子对父母的期待一般,给予父母带给孩子的
那种安全感,这将造成伴侣关系的危机。当其中一方感受
到他的伴侣有过多要求时,他将会因消耗而疲惫。当男人
或女人在伴侣关系中认为他们有权苛责、教育或是改变另
一半,这是假设自己拥有只存在于亲子关系中的父母对孩
子的权力。这样的结果,常常是另一半因为压力而变得疏
离,并且在关系外寻找平衡及出口。

亲密关系中的爱的序位要求双方以平等的态度尊敬对
方。在任何情况下,当一方感觉自己像是另一半的父母时,
或者自己像是孩子一样依赖着对方时,伴侣关系中爱的流
动就受到了限制并将使关系遭受威胁。

4. 平衡

当一方从对方身上受益,接受者为了维持平等和平静
的感受,会觉得自己需要回报对方的付出。因为她仍爱着
她的另一半,所以她会付出比对方多一些的分量来回报。
这也使得她的另一半觉得自己也需要付出更多一些来回

报,因为他也深爱着另一半,并且希望关系能够继续维持。这样,伴侣关系中好的交流将不断地成长、延续。

当施与受变成单向的行为,关系就将结束。当伴侣中的一方只接受而未付出时,他将发现对方对付出感到疲乏;同样,当一方只付出而未接受,他将发现另一半对于接受也会感到疲乏。如果一方的付出超过对方所愿意回报的,这样的交流将会停滞。这同样适用于接受一方的期待超过对方所愿意付出的程度时。因此,任何的交流都应有良好的个人节制及界限。为了要使亲密关系成功,伤痛的公平交流也是必需的。当伴侣其中一方伤害了另一半,受害者必须以相似的程度伤害对方。

受害者的这种回报程度要比他所感受到的程度轻微一些。如此一来,公平和爱就能同时受到关照,关系的交流便能重新开始良性的循环。在伴侣关系中,如果受害人对加害人以加重伤害的程度来作为回报,就像对付出做出更多程度的回报那样,关系及个人的痛苦将只会雪上加霜。这样的交流虽将能够使两人紧紧相系,但只是使彼此陷入不幸和报复,而非关心和幸福。另外,伴侣关系的质量将随着彼此的交换是好事或坏事,以及好事或坏事的程度而改变。这暗示了我们提升、疗愈伴侣关系的方法:以爱及善意增加对另一半的回报。

二、婚姻融合中自我的变化

融合是一种被改变了的状态。以往的社会经验告诉我们，通常是男性通过保持一种虚假分化的距离，或者要求对方顺从他们意愿的方式表现出融合；而女性则通过为了关系放弃自我、放弃梦想和自己的想法来表现融合。这种被融合改变自我的过程，是建立婚姻中夫妻关系亲密感的过程，这个过程比想象中的要困难得多。

（一）婚姻融合是我们天性的一部分

这种融合首先来自男女双方各自走向性别化的需求。男人们觉得为了爱和呵护对方，他们必须表现出勇武的一面来，但同时他们能享受温柔乡。对亲密感需求的袒露将降低他们的力量感，所以，他们自然而然地选择了一种虚假的距离感，或者要求对方顺从自己的专制感，来维护他们的"公狮"形象。对"公狮"形象我们并不陌生，你看非洲大草原的狮子家庭，公狮一般不捕猎，母狮们捕猎，回头公狮却要优先享用。公狮的职责是保护和繁衍，对闯入它们家领地的其他公狮或者任何不法分子予以痛击；母狮们辛勤劳作，却还要匍匐于公狮的威严之下。在人类家庭中，仿佛也上演着同样的故事，妻子们往往操持了更多的家务，晚饭时坐在餐桌前喝小酒的往往是家中的男人。

女性在步入婚姻之后，更加愿意做好妻子这个角色，对于妻子这个角色是怎样的，有社会文化的因素在起作用。人类性别化的过程原本就包含着社会文化因素，这是自我的一部分。从儿童读物到小说电视，我们从小就知道男孩子与斧头刀枪关联，而女孩子与家务闺房关联。女性们做了妻子后，会觉得自己依附于丈夫，这是一种安全感的需求。

　　实际上，在现代社会，男女都一样参与社会职业。从社会政治角度来看，男女平等没有争议；但在心理和情感层面，我们唯有承认男女差异，才是真正社会公平的体现。在婚姻融合中，男女双方都体验到安全感。这是否可以理解为，结婚之前是怕姑娘转身离开，投向别人怀抱，或者一心想着要占有对方，所以男性会讨好女性；而女性们需要考量和评估对方是否足以有资格承担她们的未来，所以矜持。这样，就出现了婚前婚后两道不一样的风景线。

　　也有出现特例的，妻子在婚姻中扮演了太多男性化的角色，而丈夫在婚姻中扮演了太多女性化的角色。除非他们能够找到彼此的位置和自在，相互间开放度很高，形成比较强烈的"1＋1≥2"的合体感，同声共气行动，否则他们很容易遭遇挫折。

（二）婚姻融合中的自我放弃

婚姻融合中女性放弃部分自我，应理解为是形成新的自我，而不是丧失自我。那些在原生家庭中未被中断妈妈的影响，与妈妈保持着比较好连接的女性，更能体会到这是一个自我完整的过程。而那些在原生家庭中被中断了妈妈的影响，与爸爸连接紧密的女性，可能更容易将这个过程体验成是对自我的放弃和一种丧失感。她们容易抗拒，实际上是在抗拒自己作为一个女性的特征；这个已经变成她们个性的一部分，在创造美好婚姻的过程中会遭遇来自自身的阻碍。

前述案例中的小章妈妈，作为一个独生女儿，她的父亲很早就寄予了她如同儿子一般的家庭期望。她跟爸爸的连接更深，长期以来一直是爸爸的同盟军；尽管妈妈对她的影响没有中断，但是在连接上没有比爸爸的紧密。现在，她结婚了，成为丈夫的妻子这个身份的时候，她要放弃她与爸爸连接的那个如同儿子一般的个人部分，她没有成功地转型。这也是造成小章的爸爸在家庭决策中失去位置的原因。他们婚姻融合的第一步就遭遇了障碍。小章爸爸在形式上完成了入赘女婿的家庭融入，实际他的婚姻融合并没有完成。这是小章赖以发展的家庭心理土壤特征。

另一个极端是，女性在婚姻中放弃自我太多，变成一个对丈夫高度依附的女人。这对双方都不是件好事情，一方面会增加压力感，另一方面会限制自由。

案例2-6

凌女士的困扰

凌女士年近40，她来咨询是出于想改变自己的现状。三年前发现丈夫有了外遇。第三者是丈夫的下属，一位28岁的年轻姑娘。当时的危机事件已经过去，丈夫因此更换单位上班，那位姑娘也已经结婚生子。但是，凌女士始终不放心丈夫，有点常说的"一朝被蛇咬，十年怕井绳"的味道，经常性检查和警示丈夫。通常情况是早上出门还正常，临近中午丈夫手机上开始不断收到凌女士的监督和警示信息，以及大量抱怨信息。凌女士自诉想要找回以前的感觉，但是总找不到，每天在不满意中度过。所以，来寻求咨询师的帮助。

凌女士名牌大学毕业后留学海外，父母是大学教授。她结婚后就做起了全职太太，自诉一方面是为了准备生孩子，另一方面是认为自己可以在家支持丈夫事业成功，于是凌女士成为了丈夫事业发展的私人助理。随着孩子的渐渐长大，丈夫的事业发展也很顺利，凌女士一直觉得这是她的人生成就，直到发现丈夫有了第三者。用时下流行的话来说，凌女士整个人都不好了，不仅仅是不好那么简单，实际上是混乱和低落，犹如被打入地狱。

造成凌女士如此境况的一个基本原因是，在婚姻融合中凌女士几乎放弃了全部。她结婚之后想要成为的另一个女人，其实不是她正确的人生路径。这种选择的背后还有她自身，尤其是与父母亲关系的其他深层原因，这里我们不做展开。但是走错的也是路，如今的凌女士需要做出的是关于明天的选择。已经发生的，已经走过的，当作一场学习。凌女士需要借这场学习来转变和发展自己，对此，她欣然接受。当凌女士的丈夫意识到这是妻子的一场自我转型和他们婚姻的成长机遇的时候，他快速领悟到需要怎样调整自己的姿态，做出更积极的行为。这一对高智商的中年人很快找到了属于他们的解决现状的路径。丈夫决定接受和体谅妻子的紧张，把自己的注意力放在家庭日常生活中，并邀请妻子一起走出家门——让心回家，让身体一同出行。

三、婚姻融合中家庭的联姻

有人说结婚不是两个人的事,除了这一对新人,还有他们的父母。这是个很形象的说法,突出了婚姻中的男女双方都是带着各自原生家庭的生命轨迹来的。现在他们需要共舞人生,每一个舞步都可能牵扯到来自原生家庭的力量。甚至有可能只是两个被原生家庭的力量牵着的抽线木偶在舞动。他们舞动得是否合拍,是否开心,往往由不得自己做主,除非他们能够很好地处理自己原生家庭和对方原生家庭间的关系。

(一)中国式的联姻

中国年轻人不是离家独立,而是在家庭中独立;中国人的婚姻,至今其主流依然是一个家庭迎接一位来自另一个家庭的新成员。从古至今,我们有一整套婚姻模式,尽管当今已有很大变化,也有少数年轻人尝试离家独立,选择两个人的结婚模式,在婚姻礼仪上也出现了旅游结婚等新方式。即便如此新潮,还是免不了需要迎合家庭的需求,再来一遍属于家庭的婚姻仪式。各地都有一些差异,但从心理学角度来理解,中国的婚姻模式,有利于婚姻融合和家庭的联姻。

古人有诗句这样描述:

洞房昨夜停红烛，

待晓堂前拜舅姑。

妆罢低声问夫婿，

画眉深浅入时无。

这首诗体现的正是新婚情境中的女性，她不仅仅是嫁给了一个丈夫，还嫁入了一个家庭，要直接面对的是一个家族。

用中国传统经典的婚姻模式来理解中国人心灵深处的婚姻是比较妥当的。之前，当我们对婚姻关系及其相关两性心理学缺乏了解的时候，会认为中国式婚姻模式是对女性自由的束缚，是封建礼教对女性的压迫。站在今天，更多需要女性自身的心理发展诉求。无论妇女解放运动怎么开展，男女性别的心理差异客观存在，男女同一标准的社会行为要求，看似平等了，实际上是另一种不公平。婚姻中的男女差异要求双方在婚姻融合中各有努力方向。从女生变成妻子，再变成妈妈，在婚姻前后的这一段时间里，女性的自我转型发展实在太快，快到了好多人根本就来不及准备和反应。在当今女性和男性一样承担全职工作的情况下，女性们步入婚姻时的自我转型发展方面，可能会遭遇很多预料之外的挑战。

中国式的婚姻，是需要成功的家庭联姻的。有助于男女双方融合进对方的家庭，获得家庭归属感。这种融合的成功完成，有助于婚姻中的男女更好应对生活中出现的各种社会应激。所以，婚姻是一次成功的家庭整合；没有实现家庭整合的婚姻，是不完全的婚姻，可能会存在某些隐患。

（二）中国式婚姻融合创造的家庭教育环境

中国式婚姻不是单纯两个人组成一个新的家庭，而是改变了两个原生家庭的形态。中国式的婚姻融合既包含夫妻双方伴侣关系的心灵融合，又包含由此带动的联姻关系的融合。我们以前讲门当户对，立刻就遭遇反驳，认为这是限制自由。但如果深入思考一下它的内涵，你会发现有许多值得商榷。两个家庭因为一对婚姻关系而联系在了一起，关键是这种联系是实质性的，精神和物质权益共同存在的，尤其在对下一代的教育影响这件事情上，是紧密相关的。这方面和谐融洽，从世俗化的眼光和语境来表述，就叫门当户对。两边观念认知比较接近，至少可以相互趋同找到比较大的相融共通之处；两边的生活观、子女观、家庭文化比较接近，至少不要截然相反，不然会带来很大挑战。如果两边各方面差异比较大，在婚姻融合中，男女双方都需要做出更多努力来调整自己，这个过程可能比想象的要长久和曲折一点。

无论经过怎样一个过程，婚姻融合的成功，可以创设两个家庭代际之间的和谐统一。对于孩子来说，父母长辈们关系融洽，家族氛围温情可信，是一种夯实的心理安全感基础。

中国式婚姻融合创造的家庭教育环境具有这些特征：

1. 在早期养育孩子的过程中，家庭中的成年人是主动承担，并且观念和方法是一致的。

2. 在教育学龄段孩子的问题上，是可以讨论并且能够趋同观点，在行动上可以积极配合的。

3. 把孩子看成家庭成员的一份子，尊重并满足作为一个独立生命个体的现实需求的。

4. 有各取所需并且相互尊重的家庭氛围的。

5. 两代人三代人之间可以相互讨论彼此话题，并且允许、尊重和鼓励孩子参与其中的。

6. 家庭内部是温情的，对外是友善的。

7. 尊重孩子的成长，并且为新成年人的诞生让出精神空间。

第三章

多元家庭关系的家庭教育指导

所谓家庭模式,也就是家庭类型,它是家庭结构和家庭关系的总合或总称。家庭模式大致可以分为核心家庭、主干家庭、联合家庭、单亲家庭、重组家庭、特殊家庭等。

核心家庭:家庭人数少、结构简单,由父亲、母亲和未婚子女组成。(核心家庭也包括只有夫妻二人的家庭,因为本书是讨论家庭教育,所以就未把它列在其中。其余各类型家庭同样处理。)

主干家庭:通常包括祖父母、父母和未婚子女等直系亲属三代人。

联合家庭:包括父母、已婚子女、未婚子女、孙子女、曾孙子女等几代居住在一起的家庭。其最大特点是人数多、结构复杂,家庭内存在较为复杂的人际关系。

单亲家庭:一般指由离异、丧偶或未婚的单身父亲或母亲,和他(她)的子女组成的家庭。

重组家庭:夫妇双方至少有一人已经历过一次婚姻,并可有一个或多个前次婚姻的子女及夫妇重组的共同子女。

特殊家庭：因特殊原因，例如父母亲一方或双方因吸毒、偷盗等违法犯罪行为而被强制戒毒、拘役判刑等，导致夫妻离异或无法履行监护职能的家庭。

虽然每一种家庭模式各不相同，也很难说哪一种是最接近完美，因为不同的家庭都会有不同的问题需要面对。更重要的是，要让家庭充分发挥育人功能，除了结构本身可能带来的助力，结构中具备主观能动性的人——父母或监护人，才是最为关键的。我们认为，不论哪一种家庭模式，若要达到家庭教育的有效性，必须具备一些共同的态度或能力，它们有的关乎成员之间的亲密性，有的则关乎是否能够安然度过冲突和挑战。

1. 信任

家人之间期待或相信对方会善待自己、尊重自己，使得家庭成员之间具备开朗、坦诚和相互依赖与扶持的特点。

2. 尊重

家庭成员之间平等相待，能够自由、积极、坦诚地与对方沟通，不恶意揣测，正向理解对方用意，并及时予以合理的反馈。

3. 共情

能了解对方的内心，体验到对方的内心感受的能力，能设身处地理解对方的思维和情感。当家庭成员困顿于矛盾、冲突中时，当一方具备良好的共情能力时，能够利于对方感受到理解、善意和接纳，利于敞开心扉，为后续的深入交流奠定基础。

4. 沟通

家庭成员为达成思想的一致和感情的通畅，而保持积极的思想与感情的传递和反馈的过程，以避免可能出现的人际隔阂（家庭成员多会本能地认为家人之间应该是最了解彼此的）。

5. 边界

家庭成员在基于亲密关系所表现的依恋乃至依赖的同时，也应在家庭生活中保持适度边界，让各成员在行为上保持适度独立，而不过分介入或替代，各自承担与其地位、能力、成长方向相一致的责任。

6. 接纳

接纳是一种态度，允许、开放、承认各种现实存在。持有接纳态度的人，能认可自身或他人的差异、不足，并消弭由此带来的不满或怨恨，从而得以改善彼此的关系。在亲子冲突中最为常见的一句话——"为什么别人家的孩子能做到，你做不到"，很大原因就来源于不能够接纳孩子的现实，与家长心目中的理想化孩子存在着极大的差距。

托尔斯泰在《安娜·卡列尼娜》中写到,幸福的家庭无不相似,不幸的家庭各有不幸。而以上六种,应该就是幸福家庭之所以幸福的秘密。

第一节 两类最常见家庭的家庭教育指导

在当下,之前所述的六种家庭,占比最多的是哪几个呢?

根据 2000 年全国第五次人口普查长表数据库计算所得,当时的各类型家庭占比如下。

表 3-1　　　　2000 年全国家庭结构(N=336 753)　　　单位：%

核心家庭	68.15	单人家庭	8.57
直系(主干)家庭	21.73	残缺家庭	0.73
复合家庭	0.56	其他	0.26
合计		100.00	

至 2010 年,《中国城乡家庭结构变动分析》中指出,虽然核心家庭数有较大幅度下降,但依然占比 60.89%,直系家庭略微有上升,至 22.99%。

可见,核心家庭是当前我国最为普遍的家庭类型,而主干家庭也是重要形式。值得注意的是,目前不少核心家庭,由于养育成本，以及夫妻工作强度，使得在育儿时间和精力上较难得到充分保证，因此让祖辈承担一部分照料和教育之责，最为常见的是接孩子放学、准备晚饭、监督孩子作业，直至父母下班回家后再离开。这种样态，我们仍将其归入核心家庭内。

一、核心家庭的夫妻合作

核心家庭，在家庭教育中所面临的主要问题，是夫妻双方在养育孩子时间和方法上的不对称而引发矛盾。另外由于独生子女仍占多数，导致家长的焦虑情绪容易直接传递给孩子，而缺少转圜的余地，由此引发了不少亲子冲突。

（一）"丧偶式"育儿的原因

有一位妈妈在咨询中抱怨："我老公几乎从来不管孩子，他说他要挣钱。老师，你知道吗？我是学设计的，原本也有很好的工作，可为了孩子，我辞掉了工作，这也是当初我跟老公商量好的，我专心带孩子。现在，孩子没带好，他都埋怨我……"像这位妈妈，表面上是因为孩子的问题而焦虑，而真正让她难以忍受的是配偶的不理解和不体谅。"丧偶式"育儿，给很多夫妻中的一方（夫妻皆有可能，只是在我国社会文化背景下，妈妈更容易成为独自承担的人）带来了沉重的压抑感，甚至是巨大的痛苦。

全国妇联儿童工作部于 2015 年发布《第二次全国家庭教育现状调查结果》，以中小学生父母为主要调查对象，调查范围覆盖北京、天津等 28 个省区市的 93 个市县。调查结果显示，近一半的家庭在不同方面存在子女教育中父亲"缺位"。夫妻双方在养育行为上的时间投入，目前数据上存在着较大的不对等。

表 3-2　　　　第二次全国家庭教育现状调查结果　　　单位：%

具体内容 ＼ 分工情况	妈妈为主	爸爸为主	爸妈共同	其他人做	没有人做
辅导孩子学习	50.2	15.1	24.8	4.1	5.7
培养孩子特长	37.5	16.0	30.7	5.0	10.8
接送孩子上下学	33.8	17.9	23.7	12.0	12.6
开家长会	55.3	18.4	22.3	3.4	0.7
培养孩子日常行为习惯	47.9	7.7	40.1	2.9	1.4
纠正孩子的不良行为	33.0	16.4	48.0	2.0	0.6
教孩子明辨是非	27.0	14.4	56.1	1.9	0.5
照顾孩子的饮食起居	60.6	4.3	26.5	8.4	0.2
孩子生病时送医院	31.5	10.7	55.0	2.8	0.1
给孩子买生活用品	65.9	4.8	26.7	2.4	0.2
孩子遇到困难时给予帮助	23.3	12.3	61.3	2.3	0.8
孩子不开心时给予安抚	40.4	7.4	48.3	2.4	1.6
和孩子一起游戏	23.2	15.8	49.1	4.6	7.2
和孩子聊天	33.3	7.8	53.8	2.7	2.3
平均百分比	40.3	11.6	40.6	4.2	3.3

原因何在呢？一方面是社会对性别角色的定位："男人就应该有男子汉气概,应该在事业上有所成就""男人成天围着锅台转,怎么会有出息""女性,童年要乖巧,成年要贤惠,婚后要顾家,要做一个甘于奉献的母亲"……这样的刻板印象在各种文学影视作品中屡见不鲜。而且,由于母亲的确承担着怀孕、生育、哺乳等一系列养育行为,且和孩子有天然的亲密联系,这也造成了丈夫对妻子教育子女的期待,觉得母亲教育孩子更为细致、耐心有成效。不仅中国,在国外亦是如此。美国加利福尼亚大学圣地亚哥分校的经济学家加里·雷米和瓦莱里·雷米对父母投入时间进行研究,观察了 6 个经合组织(OECD)国家的父母投入时间,发现母亲投入的亲子互动时间远远高于父亲。例如 2011 年,加拿大母亲每周投入 22 小时以上,而父亲只有 12 小时;美国母亲每周 16 小时左右,父亲则为 9 小时左右。

除了思想意识的原因,目前家庭教育内容的窄化、简化,也造成了父亲有时难以投入。尤其是当前家庭教育内容学科化倾向严重,人们戏言"孩子不是在上课,就是在上课的路上"。不少孩子在进入学龄期后,家庭生活简化为周一到周五完成作业、吃饭、睡觉,双休日奔波在各个补课班中。这样的家庭生活格局,家长最大的功能,就是生活照料、路途接送、支付费用。而家庭让成员在生活中成长这一重要功能，却被学科学习粗暴替代了。

那么如何让改变发生呢？首先，要让家庭生活回归原本的样子，家庭生活除了紧张的学习外必须有"无所事事"的时间，在这些时间片段里，成员可以各自休闲娱乐，也可以一起共处。闲暇时间不是要不要的问题，而是必须有，因为亲子交流、情感沟通，都需要时间的土壤，否则就为无本之木、无源之水。

联合国儿童基金会在研究富裕国家的儿童福利时，选择了物质福利、健康与安全、教育、行为与风险及住房与环境作为衡量儿童幸福指数的五个主要考察指标。经研究发现，教育中与孩子教养方式密切相关的是父母与孩子共同度过的时间，例如一起吃早餐、一起运动、一起阅读、一起游戏……父母回应孩子的需求、与孩子积极互动，并且对于成功并不苛刻，这一切的行为给孩子带来了显著的幸福感，而和大家通常的认知不同，人均国内生产总值与整体儿童福利之间没有太大关系。

（二）改变"丧偶式"育儿

首先，家长，尤其是父亲，努力跳出供养者视角，进入养育者角色。

因为孩子的成长需要陪伴，虽然家长们说"我现在拼命挣钱是为了让孩子有个美好的未来"，但是千万不要忽视孩子的成长就发生在此时此刻。父亲在家中展露出的行为在向孩子传递该如何成为一个男性，或一个男性应该是怎样的，例如如何应对工作中的挑战，如何思考、判断各种纷繁复杂的问题，如何在安排好自己的工作后和孩子开展时间有限却高质量的活动……这一切都是给孩子以示范，在孩子成长的道路上留下不可磨灭的印象。

其次，应该遵循公平原则，公平分担家中的家务工作。

例如设计家务劳动排班制度、孩子接送制度、家长会参加制度等，一方面能让彼此对繁琐的育儿工作有更直观的感受，同时也让孩子能够与家长有更多样化的接触。但实际上，更多的家庭采用的"包干制"，比如我负责接送孩子、你负责烧饭烧菜，我负责艺术体育、你负责语文数学，等等。表面看这样安排是出于对夫妻个人特长或时间利用最大化的考虑，但它也有不足，家庭生活是一个连续性、相互包容的整体，机械划分很容易造成"这事儿找你爸""那事儿应该找你妈"；还有就是父母的示范将为孩子的未来婚姻打造一个模板，"有些事情是不需要我去做"。

另外，如果因为各种原因做不到公平原则，那么至少应该采用平衡原则，当一方付出了辛劳，另一方不能觉得理所应当，没有任何表示。其实，对方需要的并不是什么物质补偿，而是需要有情感的流动，比如一个温柔的拥抱，一句由衷的夸赞，一份可爱的小礼物，也就是要把感谢、欣赏通过言语、表情、行动外显。如果对某些事不满意，例如之前案例中孩子没带好，由于另一方对带孩子过程中的酸甜苦辣没有切身感受，很多抱怨多是基于"想当然"，这不仅加剧了夫妻之间的矛盾和裂痕，还让一方的无力感倍增。无视任何一方的付出都是非理性且极其有害的。

当建立了上述几个认识后，父亲就可以走入孩子的教养过程中了，不要担心不知道自己该做什么，任何关心孩子幸福高于自己威望树立的父亲，都能在抚养孩子的艰巨任务中找到帮助母亲的方法。当然，妻子可以把对丈夫笨手笨脚的习惯性抱怨，改成一句在微笑中说出的鼓励，赞赏丈夫一个微小的进步，就可能换来一个男人的成长。

其一，丈夫应该对时间进行重新规划，增加回归家庭的时间，回归家庭不仅仅是身体上的回归，精神上的回归更重要。有不少爸爸回到家以后，就躲进自己的房间，看手机、玩电脑，这样的回归不仅无益还非常有害。其二，根据性别优势，选定一些任务，例如运动，不仅是带领孩子运动起来，更用积极运动展示自己的风采，通过运动游戏，让亲子关系更为紧密，孩子的意志力也将更为坚韧。其三，陪伴孩子阅读。阅读的重要性正被越来越多的家长所重视，但很多家长仅着眼于学科学习，其实阅读是性价比最高的建立优质亲子关系的家庭活动之一。爸爸可以选择适合自身气质、特点的书籍，为孩子读书并不会影响自身的男子汉气概，对孩子而言，有个为他阅读的父亲是他的幸福，也是他的骄傲。爸爸和孩子之间的精神联系，通过阅读对的书，就能得到生动的展现、深刻的体验。其四，可以和孩子一起去社区和大自然探索。一般来说，母亲由于性别特点，对于各种毛茸茸、扭来扭去的生物可能会有天然的恐惧，而男性则较少。所以，爸爸完全可以带着孩子去探索，由走马观花，变成"凑近""蹲下"，花一点儿时间细细端详。在观察过程中，孩子一定会产生各种稀奇古怪的问题，爸爸可以引导孩子根据问题，再仔细观察寻找可能的答案，或是开展一次"观察＋书本"的探究旅程。有些家长为了树立自己的权威形象，往往热衷于扮演全知全能的角色，其实，很多时候发现问题的价值远大于提供答案的价值，更何况城市中的人又有多少对于自然有着深刻的了解呢？既然爸爸不清楚，孩子不知道，不妨两个人搭伴组成学习小组。父亲在其中可以起到更大的作用：对思路的整理，方法的传授，更多信息源的提供。做到上述这些，父亲在孩子面前显现的就不再是一个沉默寡言、不苟言笑、经常缺席的父亲，而是一个充满着对家庭眷顾、对妻子关爱、为孩子喜爱的形象。

再次回到之前的案例，作为全职妈妈其实在操持家务、教养孩子中承担着巨大而又无形的压力。妈妈之所以如此痛苦,辛劳是一方面的原因,更大的原因是她的价值因为物化而被无视——丈夫每月挣钱养家,这是有形且直观的;妻子的价值则与孩子的学习状况画上了等号。因为孩子的学习状态不佳所以便判断妻子的劳作无价值,如此扭曲地看待夫妻合力,那么无论对夫妻关系、亲子关系乃至家庭的整体关系都将带来巨大的伤害。所以,该案例从家庭关系角度切入的解决之道就是爸爸"回归"家庭,和妻子共同面对孩子的问题,寻找其中的原因,最为关键的一点就是不把孩子的问题归咎于妻子一人。

需要提醒的是,现代社会,双职工家庭更为常见,早出晚归是常态。所以这时单纯地追求陪伴孩子的时长就显得脱离实际,不如将更多的心思花在如何在有限时间内提升陪伴的质量。

(三)更多地理解孩子

核心家庭的最大特点就是人口较少、结构简单。所以,冲突一旦发生往往缺少转圜的余地,没有人能够做"和事佬"。因此,在形成良好的夫妻合力的同时,也要形成正确的儿童观。首先,作为家长要能够了解孩子成长和发展的阶段特点和典型行为背后的原因,这一点在越来越多的资讯面前已基本没有门槛了,只要家长愿意学习。

其二,孩子在成长的过程中不断地在探索"我是谁""我的价值",家长应积极呼应孩子在这方面的需求,予以坚定的支持和温馨的鼓励。往往,众多家长会将孩子的成长简单理解为学习成绩的成长,如果孩子每天面对的只有这样的"殷殷期望",那他的压力之大将可想而知,亲子关系日益紧张也就不足为奇了。

其三,家长宜采用正向引导。家长常常对孩子的缺点洞若观火,欲灭之而后快,于是本能采取最有震撼力的教育句式:"不许……""你怎么又……"这既不能让孩子从挫败中解脱出来,又增加了对抗的风险,由于"白熊效应"还会让我们不希望孩子做的事情被深深扎根在孩子心中。所以,与其反复对孩子吼(家长的本意一定是希望通过强调让孩子改正行为),不如改用"你可以试着这样做……"的句式。

其四,基于孩子内在成长的需要,让他感受到家庭需要他。比如,让孩子和家长一起做家务、一起采购、一起下厨房,更重要的是让他有机会参与和他相关的一些事项的讨论,让孩子真切感受到家庭是全方位地需要他,而不只是需要他的成绩,当然这并非意味家长可以不注重孩子的学习。有些家长非常需要孩子的成绩,需要用孩子的成绩来证明其作为家长的价值,但这样的家长也往往是难以培养孩子的自信力的。对于孩子来说,他当然会看重自己的学习,但他更看重家人对他的接纳与肯定。这一份肯定首先是真诚的,其次不是单一、物化的,这样的家庭环境才能滋养出孩子完善的人格。

二、主干家庭进退之间要有智慧

主干家庭,粗略来说可以分为典型性和非典型性。典型性,指的是三代人始终生活在同一空间下。非典型性,则是指虽然结构还是以核心家庭为主,但由于经济、时间等各种原因,祖辈会阶段性介入核心家庭,承担起父母无法完成的养育任务。

不论典型或非典型,主干家庭中的祖辈、父母、第三代未婚子女,虽然构成了更为复杂的家庭关系,但也拥有了其独有的优势,当然也可能产生更多的冲突。

首先,来看看优势。

主干家庭,由于祖辈的介入,为父母减轻了大量时间、经济上的育儿成本。最为重要的几个阶段,婴儿出生后、入托或入幼儿园前,父母因工作无法居家照料,这时就不得不动用祖辈前来家中帮忙照顾孩子;又或者孩子进入学龄阶段,放学时间与父母下班时间并不吻合,所以祖辈承担了每天的接送、就餐、监督孩子完成作业等任务,等父母回家后,祖辈才得以休息。不少老人主动提出或被动接受,为子女减轻负担,以便让他们能够安心工作。另外,由于老人的存在,孩子会常态化接触不同人生阶段、不同风格的成人,对于孩子的人际环境适应能力、交往能力也有较好的刺激作用。

然后,再来看看不足。

两代人在教育观念、社会认知等方面存在客观差异性,容易造成在教育思想、目标、手段上的差异乃至矛盾。由于老年人当年往往忙于工作,对子女照顾不足,出于代偿心理而对孙辈过度宠爱。父辈由于有了祖辈的帮忙,且祖辈在某些方面的经验的确要优于自己,觉得家中有老人照顾,就容易出现懈怠,经常发生将孩子"丢"给老人,父母放弃应尽的教育责任。

2014 年 3 月 27 日,《新闻晨报》以"沪上七成家庭祖辈带娃"为题发表了一篇报道。20 世纪 90 年代之后,越来越多的企事业单位纷纷淡化社会化职能,停办了托儿所、幼儿园,越来越多的祖辈开始参与到带娃大业中。

（一）祖辈退一步做配角

随着老年人的精力、经济水平日益提高,文化生活日益丰富,带娃祖辈们的心态和过去的"义无反顾"有所区别。

在上海市科学育儿基地的一项研究中,有 48.1% 的祖辈只是因为"应尽的责任""无可奈何的事情"而带养孙辈。

这种心态主导下的祖辈,其养育行为常常较为退缩,例如我们经常会听到这样的带养策略:"只要吃饱穿暖。""只要孩子开心不吵。"但也有一些祖辈,由于将子女培养得较为成功,所以对培养第三代也是充满信心,常常对子女说:"你们只管安心上班,孩子的事情全部我们来管,你们不要插手!"其实这两类祖辈的心态都有所偏颇,前者过于消极,后者则过于激进。

消极心态,在教育孙辈的过程中往往容易出现讨好型特征,通过不断满足孩子而减少可能的摩擦,积累到一定的程度就成为了过度宠溺。这样家庭的子女,在孩子处在学龄前时,往往会因为祖辈和孩子之间一团和气而觉得舒适、轻松,偶有发现孩子和祖辈闹矛盾,也往往归结为"小孩子任性而已",但在孩子进入学龄期后,由于生活习惯、学习习惯、规则遵守等方面都没有得到较好的培养,祖辈的讨好行为又不能解决孩子的学习问题,于是父母的焦虑值开始上升,难免会埋怨祖辈"怎么能够放任孩子"。

而激进心态,容易造成独断,对孩子的高期待、高要求,容易给孩子带来过高压力。由于祖辈过往在子女培养方面的成功,如上了著名的大学,找到了体面的工作,获得了不菲的收益,于是极容易将当年所做的一切复刻到孙辈的身上,并以"当初你爸爸(你妈妈)能做到,你也能做到"来为孩子鼓劲加油；但人的不同、时代的变化，常不被祖辈考虑在内。父母有时想要进行沟通和改变，祖辈可能会以"当年，我就是这么培养你的"来回应，或是"我这么费心费力，还讨不了好"来表达委屈，于是家庭矛盾又一次爆发。

因此，对于隔代教育中的祖辈而言，摆正自己的心态，需要遵守不缺位，亦不需要越位。所谓不缺位，是因为客观现实造成需要祖辈介入到孩子的教育当中，所以该承担的教育职能还是需要执行，尤其是在生活照料、行为养成，这是孩子一生成长的根基。所谓不越位，即不要过于夸大自身的作用，虽然很多祖辈培养出了优秀的子女，但是家庭教育就是这么奇妙，很多原则必须遵守，很多方法不能复刻，因为时间、空间、人员都不相同。

那么，既不缺位、又不越位，祖辈们的定位，到底在哪里呢？我们认为就在于退后一步，做"配角"。

"后退"就是摆正自己的位置，即有限负责孩子的生活和学习，守好养育的底线。现在的老年人有自己的生活追求，毕竟年过花甲之后不大可能再生龙活虎地陪着孙辈上蹿下跳，毕竟爷爷奶奶、外公外婆能够成为潮人、始终与孙辈对待世界的探究热情保持同步的只能是少数。之所以提出"退后"，既减轻了祖辈的身心负担，也减少了发生矛盾的可能。我们经常会听到父母对祖辈的抱怨，"他们太宠孩子了""他们忽视了习惯的培养",如果祖辈主动后退,这样的抱怨应该会少很多。具体来说,能够让父母做的,祖辈就不用插手;能够以父母为主的,祖辈就甘心处于从属地位;能够让孩子自己做的,祖辈更应乐呵呵地"袖手旁观"。有些祖辈可能觉得这是对他们能力的轻视,有些父母可能觉得这是在挑起家庭矛盾,其实这恰恰是以生命的长度来度量的结果。父母与孩子的人生交集必然会远远大于祖辈,父母对孩子的影响一定更大于祖辈,所以祖辈理当让孩子的父母承担更多的责任。

当然,祖辈能否摆正自己的位置和心态,还必须取决于另一方。

(二)父母上前一步做主角

这些年,对于"996""007"的讨论日益热烈,但无疑都在反映一个不争的事实,职场人的竞争压力、经济压力日益沉重,而这些职场人往往还有另一重身份,那就是为人父母。去新浪微博、知乎、豆瓣等网络社群就"隔代教育"这一话题浏览一番留言,就能够窥得大家的一些想法:

网友甲:"天天说父母亲自教养小孩好,可多少人有这个条件,我看除了全职、老师,其他都很难吧!"

网友乙:"不依靠爸妈靠谁?两人都工作,下班要六七点钟,谁接孩子?机构倒是可以,除了贵,没啥毛病。"

网友丙："我们要生活，现在没条件做全职太太，对于爸妈带孩子我知道很辛苦，也很感激他们，只能平时生活中多补贴他们些，多关心他们些。"

网友丁："说可以自己带孩子的，你们不是嫁个有钱老公就是说得太轻巧。我们趁年轻，给孩子多赚点钱不好吗？孩子无论在物质和教育方面能得到更多。当然，孩子和父母在一起的时间少了，你们以为我们想吗？谁不希望天天陪伴宝宝？"

网友戊："祖辈带，还不是经济能力决定的，有钱的不都是家里请保姆吗。没钱怎么办，在家带孩子。"

......

纵观留言，一共两个核心词——"时间"和"金钱"。

为了让孩子的生活质量更优越，让孩子将来有更广阔的发展，父母就只能压缩和孩子相处的时间，用省下来的时间去赚取更多的金钱。

每一条留言似乎都透露着无奈，展现着现实的骨感，但是，似乎也有所偏颇：父母的责任就是为孩子提供更多的钱！钱可以购买服装、雇佣保姆、让妈妈能够全职在家……于是孩子教育的问题就似乎得到解决了。钱，对于家庭很重要，对教育很重要，但并不是全部。因为，有很多方面，并不能依靠金钱购买。家庭教育注重的是对孩子身心的塑造,例如良好的卫生习惯、运动兴趣、健康的体魄,又如良好的学习习惯和浓厚的阅读兴趣,再如诚实、坚毅的品质,文明的举止……这些更多源自于家人在言语上的要求、行为上的引导、心灵上的沟通,而非通过金钱就能实现。

诚然,在当下,要求所有的父母都百分百自己带孩子是不现实的,金钱与时间的压力是绕不开的话题。但绕不开,不等于无法作为。

所谓"父辈应有父母意识",就是请各位父母们"上前一步",把时间掌握在手中,在金钱和孩子之间求得一个平衡。

有些年轻父母总是抱怨:"自从有了孩子,什么都变了,再没有时间去看电影、泡吧、烛光晚餐、好友聚会,下班就要往回赶,双休日也不得清静,苦命哇! 如果没有那条小尾巴该有多好啊!"所以,在隔代参与教育的家庭结构中,父母抛弃抱怨是走向成功的第一步。下班不能和同事们聚会,但回家可以为孩子解答那些天马行空的问题、欣赏孩子充满求知欲的眼睛投来的崇拜的目光;虽然待会儿仍要挑灯夜战企划书,但先搂着孩子的肩膀,为他讲一个充满温情的故事,看着孩子渐入梦乡,对父母疲惫的一天也是次短暂的精神休憩。外出休闲的时间少了,但与孩子相处的时间越多,就会发现孩子更多的变化与进步,这是我们和孩子共同努力的结果!

认知转变后,我们就来积极寻找解决问题的方法。

1. 与父母商定各自的任务和职能

主干家庭的最大优势,是两代抚育者各有各的优势,祖辈拥有丰富的养育经验,并有丰富的人生阅历,对孩子的爱更为无私。而父母,与现时代保持着最紧密的联系,掌握更大量的资讯,拥有更充沛的精力,因为血缘而与孩子的心理连结更为紧密。因此,结合各自所长,通过细致的沟通,逐步明确两代人的职责内容和边界。

作为孩子的第一法定监护人,父母必须全面关心、参与孩子的成长过程,了解孩子的性格特点和行为发展。即使因为现实原因,无法完成某些教养任务,但至少要避免因为有祖辈就脱离养育岗位。祖辈,基于时间优势,可以将孩子的生活照料作为主要责任,在孩子的闲暇时间,培养孩子的生活能力和参与家庭劳作的习惯。祖辈与父辈,应在孩子的道德规范、行为习惯等基本做人素养上,达成共识,采取相同标准,避免出现要求的不一致,造成孩子的良好素养迟迟无法得到有效建立。在养育的具体事务上,双方也要提早做好沟通协调工作。比如:父母可以委托老人接孩子放学,到家后可以督促孩子完成作业,至于作业的对错、质量让孩子自行负责,父母回家后进行验收。当孩子上幼儿园大班后,这样的商讨甚至可以在三方之间展开,明白各自的职责，更便于孩子形成自我负责的意识，也利于凝聚两代人的教育力量。

2. 明确职责合理安排自身工作

心理学家曾做过一个试验，让大家记录一天的时间去向。结果显示，整天抱怨没有时间的人士消耗了不少无效时间，例如发呆、忙乱但低效的工作。所以，年轻的爸妈们可以学习更高效地规划自己的时间：对一天或一阶段的工作安排更有计划性，有意识减少或缩短应酬的次数和时间，让自己不做微信控、网购控，从各种网页上抬起已经习惯性下垂的头。

在主干家庭，父母有更多机会能够重温"二人世界"，作为家庭生活中的一个仪式是很有必要的。而且这个"二人世界"不仅是父母的专利，也是祖辈的权利。这不仅是在繁重的养育任务中获得一丝轻松，也是告诉孩子，虽然照顾你是一件很重要的事，但是，也不能忘记自己的爱人。尤其是在一些纪念日，父母、祖辈需要有自己庆祝、倾诉的时间和空间。

3. 尽量和孩子生活在一起

如今有一些"周末型父母"，即工作日孩子生活在祖辈家中，直到周末，父母才把孩子接回家去。有家长说，我回家后做的事情和他父母做的一样的呀，不就是吃饭、看电视、睡觉吗！其实，即使父母和祖辈做一样的事情，但是产生的效果却并不相同,首先就是父母和孩子之间的情感连接更为紧密,其次父母也有更多的机会观察、了解自己的孩子,与孩子沟通的机会也大大增加,这些既增加了愉悦感受产生的机会,也让家长更容易发现一些问题的萌芽,从而能够及早应对。长时间与祖辈生活在一起,孩子的行为模式、交往方式也就以祖辈为学习对象,这对其今后的社会发展会产生一定影响。

有些家长由于种种原因,的确很难较早回家,我们建议尽量保证父母有一方能够早些回家,至少保证每天有个就寝谈心时间,在孩子临睡前为孩子读篇故事、说说彼此一天的经历。若是父母长期外出,那么必须借助电话、网络视频等通讯手段加强与孩子的常态化联系,与孩子在生活、学习上积极互动,比如给孩子寄送一些利于动手动脑的有趣的礼物,让孩子定期展示他的学习进度。

时空间的距离通过技术手段能够缩短,但是沟通内容的丰富性、活动的多样性还是需要父母花大量时间和精力去设计和实施。

4. 在职场投入和陪伴孩子间求得平衡

在访谈中,咨询师常问家长:为什么没有办法多和孩子待一会儿。家长往往这样回答:我现在努力地工作,就是为了给孩子一个更好的未来。咨询师又问:那么孩子现在的成长怎么办呢？家长往往难以回答。

不是说父母们为了孩子就要放弃工作、放弃事业，因为父母积极务实、敬业爱岗的工作态度对孩子就是一种极好的榜样示范作用。但平衡是必须的，因为孩子的成长不是将来时而是现在进行时。

祖辈带养的现实格局下，父母面对职场投入，既要有坚守，也要有闪转腾挪的智慧，这是对每一位爸妈的考验。

2017 年，中国教育学会家庭教育专业委员会选择北京、苏州、广州、哈尔滨、成都、郑州，开展了"中国城市家庭教养中的祖辈参与问题研究"，共选取有效家庭样本 3 601 例。从问卷反馈可知：祖辈参与育儿，不会对父母和孩子的亲子关系造成不利影响，但必须避免一种情况——如果父母在孩子 0 至 6 岁期间不参与教养，使祖辈角色从"参与"变为"全权代理"，则会对亲子关系造成持续性伤害。

这一调查反馈可以作为本节内容一个很好的脚注。

第二节　婚姻解体后的家庭教育

随着社会的发展和婚姻观念的变化，婚姻解体的家庭也随之增加。两个人从起初组建家庭，到后来因为种种原因选择结束婚姻关系，这意味着家庭结构发生了重要转变。这种转变会对父母和孩子产生不同程度的影响，也将对家庭教育带来新的挑战。这一章节，我们来探讨婚姻解体的过程，离异家庭中的孩子可能会有哪些状态，以及婚姻解体后父母在家庭教育中需要注意哪些方面。

一、婚姻解体的过程

我们这里说的婚姻解体，就是通常所说的"离婚"。这不仅是一个事件，更是一个过程。如果我们把这个过程一层层剖开，就会发现婚姻解体带给家庭成员的影响，绝不是离婚既成事实的那一瞬间。从决定离婚到法定离婚完成，再到离婚后的生活，都会对家庭成员产生不同程度的影响。因此，我们有必要先来探讨婚姻解体通常会经历一个怎样的过程。

我们可以把婚姻解体的过程分为几个阶段：决定离婚，宣布离婚决定，核心家庭解体，家庭重组。

（一）决定离婚

离婚的想法或决定，极少是夫妻双方同时产生，通常是夫妻中的某一方首先产生，但很可能不会马上向对方正式地表达这个想法或决定，而是会隐藏在内心，之后在争吵中非正式地表达出来。对大多个体,尤其是对已为父母的个体来说,做出结束婚姻的决定是非常困难的,可能要纠结很长一段时间。对婚姻的挫败感或丧失感,对离婚可能带来的负面结果的担心甚至恐惧,以及对未来的各种不确定感,都会使得这个阶段成为了一个内心充满激烈斗争的过程。

个体一旦确认了自己离婚的决定时,即使没有向配偶正式表达,但很可能在言行中有所表现:经常性向配偶表达各种不满,采用"冷暴力"的方式与配偶相处,负面情绪时常来袭并难以自控,甚至会将情绪转移到孩子身上……当孩子觉察到父母关系在发生微妙变化时,他便会受到影响,毕竟父母能否相亲相爱和谐相处,对孩子来说是非常重要的。当家庭充满矛盾、冷漠和疏离时,即使婚姻尚未解体,孩子就已经出现了一些情绪和行为问题。

(二)宣布离婚决定

个体向配偶正式宣布离婚决定,并不是一件容易的事情,因为很可能要面临配偶的责备、愤怒、抑郁、冲动等一系列的反应,更重要的是必须要面对"丧失"。不仅是对当前生活状态的丧失,同时也失去了对将来生活的计划和美好期待。对于已经有了孩子的夫妻来说,丧失感会更加强烈。

在这个阶段,有些夫妻会有非常激烈的争吵,彼此指责抱怨甚至恶语相向,经常无法顾及孩子的感受。在孩子目睹这一切的时候,对他的影响就已经产生了;也有些父母会否认夫妻本身的问题,可能把离婚的原因指向孩子,让孩子成为了婚姻矛盾的替罪羊。

这个阶段,想要尽可能减少给家庭和孩子带来的负面影响,那夫妻双方都需要表现出相当的耐心、成熟和真诚。离开者需要理解被离开者的愤怒、哀伤等反应,并允许对方有时间来处理这些情绪。被离开者需要看到离开者在这段婚姻中未被满足的需求以及想要追求新生活的迫切愿望,避免纠结在双方关系中无法自拔。确定婚姻无法挽回时,双方还要讨论离婚细节,如果夫妻能做到心平气和地商讨,并能将孩子的发展作为重要的考虑因素,如此便会降低离婚带给每个家庭成员的伤害。只是,这对很多夫妻来说都是很难做到的。

（三）核心家庭解体

离婚的法律效力生效的那天,意味着核心家庭正式解体了。对于有孩子的夫妻来说,意味着从这一天开始,要重新定义作为父母的角色、功能、养育分工、亲子生活方式等。

对于孩子来说,尽管他们曾经怀疑或者担心过父母离婚,或尽管提前已得知父母离婚的决定,但在既成事实时,孩子内心的丧失感仍然会非常强烈。不能同时与亲生父亲、母亲生活在一起,那意味着家庭的不完整或严重缺失。

或许也有孩子会有一种解脱的感觉,尤其是父母之前关系高度紧张的话,更想父母通过离婚来结束互相争吵的生活,但即使如此,孩子内心还是会有情绪波动。当然,也有父母选择不把离婚的事情告诉孩子,主要是怕孩子受到伤害,但这是否真的会降低伤害,还是要考虑孩子的年龄、父母离婚前后的关系状态等其他因素的。

(四)家庭重组

离婚的法律效力和实际分手发生,并不表示离婚的过程已经完成。对于没有孩子的夫妻离异来说,后续家庭的重组和再定义,都是双方个人生活的转折。对于有孩子的家庭来说,双方的转折都必须考虑和满足孩子的需求和权利。无论孩子处于生命周期哪一个阶段,通常都需要离婚后的父母允许孩子与双方都保持亲子关系。

对大多离异家庭来说,孩子主要跟作为抚养方的父亲或母亲生活在一起,也有孩子会被平均地划分在父亲或母亲的家庭里生活,还有些孩子主要跟祖辈生活在一起,这些都是婚姻解体后家庭结构的变化。父母再婚也是家庭重组的一种形式,这种形式下孩子还需要与继父继母产生联系。无论怎样的情况,父母都要考虑:是否满足了孩子在经济上和心理上的需求,是否让孩子拥有了对他们来说重要的家庭关系(不仅包括父母,还包括与其他成员的关系),父母双方离异后的关系状态是否让孩子受益。只有考虑到这些因素，才有可能在家庭重组后为孩子提供良好的成长环境。

二、离异家庭中的孩子

父母离异，我们往往会联想到给孩子带来的负面影响。的确，每个孩子都希望拥有相亲相爱的父母双方，缺失任何一方都意味着家庭的不完整。当然，如果父母已无法相亲相爱，每天都处在争吵不休的状态时，勉强维持婚姻同样会给孩子带来伤害，离婚往往也是父母迫不得已的选择。无论是否要做出这个选择，父母都需要认识到离婚对孩子产生的影响。

如果父母只是笼统地知道对孩子有影响，却没有仔细思考过方方面面的具体影响，那么在离婚过程中或离婚后的生活中，父母就难以理解孩子的某些言行，也难以对孩子进行合理有效的家庭教育。值得注意的是，父母离异究竟会给孩子带来什么程度的影响，往往是因家庭而异的。我们通过咨询个案，探讨一下离异家庭中的孩子可能会表现出的状态。

▶ 案例 3-1

我觉得一切都无解

小静，22 岁，某普通高校四年级学生，有割腕、服用安眠药等自杀未遂行为。

在 13 岁时父母离异，小静归爸爸抚养。妈妈较早组建了新家庭，很少管小静，她明确告诉小静："你的监护人是爸爸，有什么额外事情，都找他。"有一次小静在外婆家不小心摔坏了手机，她希望妈妈能够帮她买一个。妈妈认为买手机是爸爸的事情，让小静去找爸爸解决。

小静爸爸很关心女儿，但跟女儿的交流很有限。他比前妻晚一些再婚，小静继母是个比较开明的女性，能跟小静和睦相处，但不算亲密。

原本小静学习成绩比较好，但父母离异后，成绩逐渐下滑，中考考取了一所中等职业学校，后通过春季高考，进入了目前这所高校。小静在大学里交友不多，与同学互动比较少，有一个闺蜜在另一所学校，她们初中时候就是同学。闺蜜被诊断为抑郁症，在药物治疗。小静自己在读职校的时候，也因为情绪低落，听闺蜜建议去看过心理医生，医生说有轻度抑郁，建议服药治疗。

读大学期间，小静在网上结交了一个男朋友，对方比她大 10 岁，身体不大好，有糖尿病。小静跟男朋友确立关系后，第一时间告诉了妈妈。妈妈和继父都极力反对,提出要考察男方的身份、家境,后来他们见到了小静男友,认为这个男友不可靠,不同意他们交往。之后,小静父亲知道了此事,非常愤怒,扬言要是再跟这个男的交往,就别进家门。

小静告诉咨询师,她觉得一切都无解。继续跟男朋友在一起,父亲会很受伤害;母亲也不支持她。分开,男朋友会很受伤害,他本来就身体不好,分手可能会让男友身体更糟糕。自己还不能独立,学习成绩也不好,要应对毕业的问题,毕业以后去哪里也不知道。她觉得长期以来,都活得不遂心愿……

案例分析

我们可以借"小静"的案例,来分析探讨下离异家庭中孩子可能表现出的一些状态,父母需要了解这些状态。但要注意,不是每个离异家庭中的孩子都会出现同样的状态,产生这些状态的原因有多方面因素,绝不是父母离异这个单一事件造成的。

1. 情绪状态

小静在读中学时被诊断为轻度抑郁,也出现过自残自杀的行为。处在离异家庭中的孩子,虽然未必像小静一样产生严重的情绪问题,但父母离婚或多或少会对孩子的情

绪产生影响,这种影响是直接和快速的。

（1）不安全感

每个孩子都希望拥有一个稳定而完整的家庭结构,当结构解体,孩子可能会担心自己失去父母或某一方,担心自己没人管,担心被别人嘲笑,等等,这些都意味着孩子的安全感受到了影响。

（2）自责感

孩子往往会怀疑是不是因为自己的原因而造成了父母的离异,尤其当父母总是因为孩子问题不断争吵,甚至直接告诉孩子"都是因为你,我们才离婚的",如此会更加强化孩子内心的自责感。也有孩子认为自己没有尽力阻止父母离异,由此产生自责感。

（3）愤怒感

有些孩子会因父母离异产生强烈的不满甚至愤怒,也会抱怨指责甚至痛恨父母做出离婚的决定。但这种愤怒往往不是孩子最本质的感受,很可能是借助愤怒的情绪来表达内心的焦虑不安。

面对父母离异,很多孩子的情绪表达是非常隐蔽的,他们可能不哭不闹,看似平静,但内心早已像海浪般起起伏伏,难以平复。如果孩子产生的负面情绪,没有得到应有的关注和疏导,长期累积就会像案例中的小静一样产生严重的心理障碍。

当然，也有孩子会赞同父母离婚，他们认为与其生活在父母不断争吵的家庭中，不如父母离婚以获得相对平静的生活，希望离婚能带来一些好的改变，比如父母能够在离婚后像朋友一样好好相处等，能够抱有这种想法的往往都是年龄稍大些的孩子。

2. 学习状态

小静在父母离异后，学习成绩出现了下滑。这在离异家庭的咨询中是常见的。国内外的很多研究也得出了一致的结论：离异家庭中儿童的认知发展和学业成就均低于完整家庭的儿童。这是个普遍性的结论，但并不意味着每个离异家庭的孩子就一定会学业成绩不良，有的离异家庭也能够培养出学习优秀的孩子。

龚君的一项研究结果表明，虽然离异家庭儿童的总体学习态度明显比非离异家庭儿童差，但在离异家庭群体内存在差异。从父母离异时矛盾的不同激化程度来看，离异时父母矛盾越激烈，其子女学习态度越有问题，越趋向于消极；从父母离异后彼此的关系处理来看，父母离异后相处越平和，且交往越密切，其子女的学习态度越积极正常。可见，同是离异家庭，不同的具体情况带给孩子学习的影响是不同的。

对孩子而言,父母离异是重要的家庭变故,必定在一定时间内会影响孩子的学习状态,但这个时间持续的长短,关键因素往往不在于离异本身,而是父母如何妥善处理离婚,离婚后家人如何相处,以及如何在学业上教育引导孩子。

3. 交友状态

小静朋友不多,最好的朋友是自己的初中同学,同样患有抑郁症。父母离异对孩子的交往行为的确会有影响。刘黎微和马建青两位研究者通过对 3 所小学的 3 500 名小学生的研究发现,离异家庭儿童在同伴交往中的人际认知、情感体验和行为特征上与完整家庭儿童均存在显著差异。离异家庭儿童在同伴交往中相对比较敏感,更容易体验到受伤的感觉,容易出现回避行为。他们在后续研究中发现,影响同伴关系发展的因素是多方面的,家庭离异是其中一个重要因素,家庭关系失调带来的不良情绪气氛、教育方式不当和情感教育缺失导致的消极人格特征,以及同伴对离异家庭及其子女的成见和歧视,这些都是影响离异家庭小学生同伴关系的重要原因。

在异性交往方面,小静找了一个比自己大 10 岁、身体状况欠佳的男朋友。这有悖于传统的择偶观念,所以父母反对。她为什么要找这个男朋友? 或许是因为她很渴望家的稳定性,很渴望有成熟男性的保护,这是不是一定跟父母离异有关？可能有，但至少这不是唯一因素。事实上，在非离异家庭的孩子中也会看到类似的择偶现象。但不可否认的是，的确有一些研究表明父母离异对异性交往的影响。一项以 19—35 岁青年情侣为被试对象的研究发现，来自离异家庭的女性对伴侣缺乏信任，满意度较低，且存在更多的矛盾和关系冲突。我们在咨询中会发现，有些孩子成年后不愿意结婚，是因为害怕继续父母那样不幸的婚姻。

在离异家庭中，如果想要孩子仍能建立良好的同伴关系和异性关系，那父母则要面临相对较多的困难和挑战，需要作出更多关于家庭教育的思考和学习。

4. 亲子关系状态

父母离异后，小静跟爸爸生活，爸爸很关心她，妈妈对她的管教很有限。但当她有男朋友时，她第一时间选择告诉的是妈妈，说明她内心还是非常渴望跟妈妈的亲密感。在离异家庭中，孩子对父母的感受往往是矛盾的，一方面渴望对父母双方都保持亲密关系，这是孩子的天性；另一方面又会觉得不应该跟某一方亲密，尤其是父母某一方是导致婚姻解体的过错方时，一旦与其亲密会有负罪感。

父母不同意她跟男朋友交往，小静不想跟男朋友分开，但也不想因为男朋友与父母彻底决裂，内心是非常纠结和痛苦的。在离异家庭中，有些孩子更为渴望得到父母的认同，更为害怕被父母抛弃；也有些孩子则更想逃离家庭逃离父母，表现出对父母的极端反抗。这些都是有个体差异的。但也有些普遍性的研究结论表明，由于父母离异，儿童对父母的信任感会产生怀疑和动摇，甚至在成年后仍然会表现出对父母的不信任。由儿童自我评定得出的与父母关系的质量，离异家庭儿童明显低于完整家庭儿童，而且他们对家庭、父母的满意程度也较低。

父母离异后各自再婚，小静与继父继母有不同程度的相处时间和空间。再婚家庭中的亲子关系会更为复杂。在这个案例中，小静与继母虽不亲密，但尚能保持和平共处的关系，已实属不易。在很多孩子看来，接纳继父母意味着对亲生父母的背叛，这会让他们产生自责感或负罪感。对继父母的排斥、不满甚至讨厌，往往也是孩子防御性的自我保护。因此，有些继父母虽然已努力地履行好父母角色，还是很难跟孩子建立良好的亲子关系。基于这一点，继父母的确需要给予孩子最大限度的包容和理解，给予孩子较长的时间，用长期的耐心和关爱来争取孩子的信任和接纳。

综上所述，对离异家庭而言，想要保持良好亲子关系则更为困难，需要父母做出更多的努力。

三、婚姻解体后的家庭教育

婚姻解体，是结束了夫妻关系，但作为孩子父母的身份永久存在。在孩子成年前，无论在法律上孩子归谁抚养，父母双方都仍然肩负着共同抚养与教育孩子的责任，而且很可能面临着更大的养育挑战，更加需要父母双方的平静对话和理性合作。

▶ 案例3-2

所有希望都寄托在孩子身上

李女士，45岁，某外企高管。三年前与丈夫离婚，育有一个女儿，正在读初三，归李女士抚养。

丈夫另有所爱提出离婚，这对李女士的打击非常大。一开始她是不肯离婚的，想要留住婚姻，在她看来离婚是一件很丢人的事。无奈丈夫态度坚决，李女士只能接受。离婚过程中，两个人都互相数落对方的问题，李女士说丈夫搞外遇，丈夫说她太强势霸道、没有女人味。之后，在财产分割问题上也发生了分歧。而这一切，已经读初中预备年级的女儿都看在了眼里，放在了心里，但当时女儿并没有表现出任何激烈的情绪反应。

离婚后,李女士尽其所能照顾女儿,每天再忙也会为孩子准备丰盛的饭菜,做好学习的各种安排,竭尽全力为孩子创造良好的条件。同时,在学习上她对女儿有着很高的期待,希望女儿能够考上市重点高中。她对每一次的考试成绩都非常在意,只要有哪次没考好,李女士都会非常焦虑,会拉着女儿讲很多的道理。进入初二下学期,为了学习,她让女儿放弃了绘画这项兴趣爱好,几乎把全部时间都投入到学业学习中。为了有更多的时间陪伴孩子,李女士还调整了工作岗位。在她看来,离婚已经让她自己的生活没有了光芒,唯有女儿当下的优秀和美好的未来,才是她所有的希望和荣耀。

离异后,李女士与前夫的关系也不好。当初是因为前夫出轨才离婚,所以李女士对前夫充满了怨恨和不满,也会在女儿面前表现出这些负面情绪。尽管每个星期都允许前夫与女儿见一次面,但严格控制接触的时间。李女士承认,在女儿看来,爸爸还是非常好的,每次见面都会买礼物、吃大餐,也从来不会勉强女儿做不喜欢的事。这让李女士心里感到很不平衡,她甚至会对女儿说:"我为你付出那么多,你竟然还觉得你爸爸好,真没良心。"

刚离婚那两年,李女士觉得女儿很听话,学习成绩一直挺出色的,虽然也会表达一些意见,但基本都会听从李女士的安排。但是,进入初二后,女儿时常对李女士的各种安排表达不满,也开始反驳李女士对爸爸的抱怨,情绪上来还会发脾气,但基本都被李女士强行压制下去了。进入初三后,女儿越来越不爱说话了,学习成绩也直线下降。更让李女士想不到的是,女儿竟然出现了自残行为,用刀子在胳膊上割了好几道伤痕,这还是通过班主任反馈才发现的。女儿的情况,让李女士感到困惑和懊恼。

通过多次沟通,咨询师帮助李女士分析女儿出现当前状况的因素,并帮助其发现解决问题的几点做法:耐心陪伴、倾听女儿,通过良好的沟通劝说并陪同女儿去专业医院进行评估,遵医嘱治疗心理问题;选择合适的时机,对自己之前的不当做法,跟女儿进行真诚的沟通和道歉;为女儿提供宽松的家庭氛围,降低对女儿学业的期待,尊重女儿的兴趣爱好,凡事都需要跟女儿协商沟通,而非掌控女儿的一切;客观看待婚姻的失败,放下对前夫的怨恨,尤其在女儿面前不要指责抱怨,允许女儿跟爸爸保持必要的互动;丰富自己的生活方式,减少对女儿的关注,让女儿感到妈妈仍然乐观开心地生活着。

经过一段时间的努力,李女士虽然还不能与女儿推心置腹谈心交流,但至少能和女儿心平气和地讲话了。女儿也一直坚持就医服药,学习成绩虽没有以前那么出色,但至少各方面的状况在慢慢好转中。

案例分析

通过李女士的案例,我们一起来探讨下离异家庭中的家庭教育。其实,从家庭教育的角度讲,离异家庭与核心家庭仍有很多共性,比如创设良好的家庭氛围,保持良好的亲子关系,适度介入孩子的学习等。共性部分在此不做探讨,主要是讨论相对核心家庭来说,离异家庭特别需要注意的一些方面。

1. 妥善处理"离婚"

李女士离婚的过程,充满了各种指责抱怨及争吵冲突。这个过程女儿都身处其中,尽管当时并没有表现出激烈的情绪,但后来出现的一些问题还是与此有关。

"好说好散"是比较理性的离婚状态,或许对很多家庭来说很有难度,但无论多难,父母都需要意识到:对于孩子来说,父母离异本来就会带来巨大的伤害,如果过程中再充满了争吵、谩骂甚至大打出手,那带给孩子的伤害将不可估量。父母终究是成年人，即使彼此之间有很深的矛盾，也要尽量控制好自己的情绪，或者寻找合适的方式调整情绪，不要影响到未成年的孩子，毕竟孩子能够宣泄情绪的渠道是非常有限的。

怎样跟孩子说父母离婚这件事，同样很重要。

首先抱着坦诚、平和的态度跟孩子交流，让孩子感受到父母能够平静地处理离婚，也做好了离婚后的生活准备。

其次一定要让孩子知道父母离婚不是他的原因，更不是他的错。"都是因为你不好好学习，我们才会争吵不断，最后只好离婚"，类似这样的说法，那就是将孩子残忍地推入深渊，留下永久的伤痛，甚至会成为引发孩子心理疾病的症结所在。客观上讲，导致离异的根本一定是在于夫妻自身，价值观冲突、性格不合、移情别恋……千万个理由中都不应该卷入孩子的因素，只是有可能在处理孩子问题的过程中才将夫妻矛盾凸显出来，但究其根本，仍然是被掩盖的夫妻问题。

另外，父母离异带给孩子的不安全感是难以避免的，所以在告知离婚时就要尽力缓解这种情绪上的影响。告诉孩子：爸爸妈妈虽然离婚，但仍然都很爱他，仍然会好好照顾他。

当然，有些父母会隐瞒孩子离婚，原因有很多，比如孩子太小、怕影响孩子学习等。但对于已经能读懂父母言行的孩子来说，他可能会自己察觉出父母的异样，他会做出自己的揣测，但又不敢说，藏在心里，焦虑不安。此时，隐瞒有可能给孩子带来伤害，坦诚相告应是更好的选择。

2. 彼此不怨恨

李女士对前夫有很多的不满和抱怨，她不愿意让女儿跟前夫有过多接触，还时不时向女儿列举前夫的各种问题……这些言行，在离异家庭中时有可见。还有的父母在离异后，总是在孩子的身上寻找与另一方（父或母）的相似之处，对孩子说："你看你，跟你爸（妈）一个德行！"诸如此类的言行，是父母在将自己对另一方的负面情绪转向孩子，这对孩子是极其不公平并具有强烈伤害性的。

当一方认为另一方是导致婚姻解体的重要因素时，很容易对那一方产生各种不满和怨恨，不经意间会将这些想法和情绪传递给孩子，甚至努力想去获得孩子的认同。让孩子去怨恨自己的父（母），这是残酷的，即使孩子表现出了这些怨恨，但内心仍然是纠结和痛苦的。试想，如果一个男孩不认同自己的父亲，甚至认为男人都是坏的，那他怎么会相信自己是好的呢？如果一个女孩认为男人都是坏的，她又该如何跟异性相处甚至结婚呢？同样，如果孩子不认同自己的母亲，也会让孩子产生巨大的困惑和痛苦。

离异后,父母的关系状态仍会对孩子产生重要的影响。案例中,女儿出现的心理问题,与李女士经常在女儿面前埋怨前夫有很大关系。因此,即使离异,父母之间也要试着和平相处,至少不要在孩子面前去抱怨、指责甚至诋毁对方。一般来说,除了极端的情况(如家暴),婚姻解体不能单纯归咎于其中某一方。无论怎样,当初选择结婚,后来选择离婚,父母都需要为自己的选择负责任,不要让自己和孩子生活在怨恨和后悔中。

3. 关注孩子的情绪和人际状态

父母离异,带给孩子的情绪影响是明显的,尤其是刚刚离异的时候。伤心难过、沮丧失落甚至愤怒不满,这都是孩子面对家庭变故的本能反应,父母需要允许孩子表达这些负面情绪,必要时还需给予安抚和理解。如果父母认为"这都是大人的事,小孩子哪来那么多情绪",很可能就会不自觉地压抑孩子的情绪,最终导致孩子产生一些心理问题。有的孩子出于各种原因,会对父母离异表现得很平静,就像案例中李女士的女儿那样,并未在父母离婚的过程中表现出激烈的情绪反应,这种情况下,父母更要注意解读孩子的言行,察觉孩子内心真正的情绪感受,选择时机与孩子主动交流离婚这件事,以免孩子过度克制压抑内心的情感。

父母离异后,大多孩子在跟同伴交往中会比较敏感,担心别人嘲笑自己,甚至会感到自卑而不愿意接近同伴。父母可以引导孩子多讲讲跟同伴之间发生的事情,无论孩子诉说了什么,都抱以倾听理解的态度,不加评价和指责,目的是为了了解孩子的交往状况,在必要时给予孩子应有的帮助。

4. 避免过度关注或依赖孩子

离婚后,作为抚养方的父或母,比较容易将全部希望或精力都投入到孩子身上。如案例中的李女士,将所有希望都寄托在女儿身上,对女儿的学习生活进行过度掌控,这对女儿造成了极大的压力:"我不能让妈妈失望,不能离开妈妈,因为妈妈很需要我。"

父母如果在婚姻关系中没有获得相应的满足,很可能就会将未满足的需求转向孩子,比如希望孩子能够更听话,能够更加体谅父母,甚至希望孩子能够像丈夫或妻子那样体贴关心自己。这些想法和需求,父母都需要及时察觉并提醒自己:离婚,是父母自己的选择,不要让孩子成为离婚代价的承担者,父母需要自己寻求合适的途径去满足内心的需求。

5. 父母过好自己的生活

李女士尽其所能照顾好女儿,希望女儿能有好未来,但自己却是终日生活在消极抱怨中,这对女儿是很不利的。

其实，任何家庭的父母都需要过好自己的生活，只是有些父母在婚姻破裂后，认为自己的生活已经没有指望了，唯一重要的任务就是照顾好孩子。事实上，婚姻不是生活的全部，孩子也不是生活的全部。在婚姻解体的情况下，如果父母在照顾好孩子的同时，仍能保持乐观开朗的生活态度，仍能过好自己的生活，让孩子看到一个积极面对生活困难的好榜样，这种言传身教、潜移默化的影响本身就是一种良好的家庭教育。

离异后的父母，必定是要继续履行好对孩子的抚养义务，同时也要丰富自己的生活，可以有适度的休闲娱乐，可以去学习自己感兴趣的知识；保持一定的社会交往，有自己的朋友；呵护好自己的情绪，用合理的方式宣泄情绪……如此，才有足够的心理能量去面对孩子的教育，才能在孩子面前持有相对多的耐心。

也有些父母会纠结是否要再婚，纠结的原因主要怕再婚会影响孩子。孩子很小的时候比较容易接纳家庭中的成员，七八岁以后就困难一些，12岁以后基本不情愿融入新结合的家庭，让一个青春期的孩子接受继父或继母是件很伤脑筋的事。的确，面对不同年龄的孩子，再婚家庭的父母遇到的困难和挑战是不同的。关于再婚，父母不妨思考几个问题：再婚的对象是否愿意接纳这个孩子？我们是否做好心理准备来面对孩子的不满或反抗？我们是否愿意付出足够的耐心和包容，慢慢等待孩子接纳继父或继母？该不该再婚，没有绝对答案，但这些思考有助于父母做好决策。

对于大多个体来说，我们都曾努力地想要拥有一个美满的婚姻，离婚不是我们最初期待的婚姻状态。但对于无法维持良好关系的家庭来说，离婚并不是糟糕的选择。对于离异家庭来说，父母面临着家庭教育的诸多挑战，但只要父母愿意做一些思考和学习，愿意做一些努力，仍然可以成为有责任心有科学养育的好父母，仍然可以培养出健康快乐的孩子。

第三节　特殊家庭的家庭教育指导

父母离异、婚姻重组或者单亲现象已普遍存在，我们曾经把这些家庭称为特殊家庭，而今天看来，已经不算太特殊。本节中的特殊家庭是特指父母因为吸毒、偷盗、犯罪等违法行为而被刑诉、强戒、离异，导致缺席孩子生活教育历程的家庭，不包括常态离异或失亲等状态的家庭。

要特别说明的是，并非所有该类型家庭的孩子都会有心理或行为偏差,本章节关注的是容易或已经出现心理偏差和不良行为的孩子,以及相对应的有效改变支持方式。

一、特殊家庭的样态及孩子心理特点

(一) 单亲状态

因父母中有一方入狱或者强戒,或因此离异,导致孩子只能和父母中一方单独生活,这种缺损会让原本三位一体的家庭样态,转化为父母一方与孩子之间的单一交流与依赖。由于变故,养护者本身的生活重心也会发生一定的转变,故而对孩子有可能无暇顾及或疏于照护。有的父母则因为没有给孩子一个完整的家而对其产生负罪感,不知道该怎样去补偿孩子,继而可能对孩子过分溺爱和放纵。也有的父母会将对伴侣的不满和失望投射到孩子身上,对孩子过度严苛和干涉。这种环境中成长的孩子,比较容易产生自卑、孤独以及强烈的逆反心理。

(二) 隔代抚养(亲戚照顾)

有部分特殊家庭的孩子是长期独自或随家中的祖辈一起生活,或者是在亲戚朋友的家里轮换生活。年迈的祖辈原本在自己儿女的成长中,基本就属于"无力"的父母,怎么有可能在孙辈的养育中给予正向有力的引导? 这种环境中长大的孩子,常常会背负着父母问题的"原罪",大多沉默寡言,情绪消极。由于亲情和监护的缺失,他们容易形成自卑、冷漠、孤僻、悲观以及暴躁的性格,也更容易存在社交障碍。

（三）重组家庭

抚养孩子的这方父母,为了生活或者情感的需要选择再婚。在这样的家庭里,新的人际关系、孩子和新的抚养人之间的相互接受程度,如果是两个单亲家庭进行的组合,还会涉及到孩子之间的关系等一系列的问题,都会影响到孩子的心理健康发展。本来就经历过一次不幸的孩子内心往往都比较脆弱,对于新爸爸或新妈妈的一举一动都非常的敏感。值得注意的是重组家庭中的孩子,会产生那种自己的亲生父母把原本只给自己的爱,要分给一个或几个陌生人的恐慌和不安全感。这时候的孩子非常容易和家长发生矛盾,产生强烈的逆反心理,而父母不正确的处理方式也会变相地将孩子过早地推向社会,甚至让孩子产生对社会的反叛心理。

由于家庭的正常结构被破坏,再加上原本应该是家庭支持主体的父亲或母亲的现状,使孩子不仅失去了良好的家庭教育和家庭温暖,而且容易在性格和心智上出现异常。这样家庭中的孩子,往往会产生过重的心理负担,容易脾气大、自尊心过强、自信心较差、不合群、自卑退缩、无安全感、攻击性强、爱猜疑、善冲动、性情易变、抑郁悲观，对现实缺乏挑战的勇气。如果再遭遇旁系家庭成员的不作为，外界的不理解甚至辱骂取笑，老师的教育方式过于简单粗暴等一系列问题，部分孩子心理甚至会出现严重的偏差，且智力发展普遍落后于完整家庭的儿童。这样的孩子潜意识里容易把父母的过错归因于自己，不易建立社会责任感和自我价值感，容易出现不良行为和性格偏差，如斗殴、偷窃等。

他们犹如是在旷野中迷路的小兽，不断地奔跑却不一定知道正确的方向，有时看起来龇牙咧嘴似乎非常凶猛，但内心却往往惊慌失措且脆弱无力。要想促进他们的身心健康发展，就要设法帮助孩子主动改变内因，建立社会责任感，增加自我价值感，并积极帮助他们适当改善外因，营造适合他们健康成长的内驱力氛围。

值得注意的是，他们虽然比普通家庭的孩子需要更多的爱和呵护，却因为内心过度敏感和脆弱，不能以常态的方式给予同情和热情，所谓"虚不受补"。对待这样的孩子，要用更加平和尊重、坚守原则、耐心鼓励的方式去共情、沟通、交流和引导。

二、特殊家庭教育的有效支持方法

方法一：听见孩子的内心声音，有效交流四步法。

倾听、交流，是避免孩子出现心理或行为问题最直接有效的方法。当孩子们觉得你理解他们时，他们就会受到鼓励，会更愿意听取你的观点，并努力找出解决问题的方法。需要谨记的是，只有当孩子们感到了你的倾听之后，他们才更可能听从你的建议。

有效交流的四个步骤：1.表达出你对孩子感受的理解。重点是一定要向孩子核实，你对他表述的理解是准确的。2.表达出对孩子的同情，而不是认同或者原谅，这个表达只是意味着你理解孩子的感受。如果你可以告诉孩子，你也曾有过类似的经历或行为，效果会更好。3.告诉孩子你的感受。如果前两个步骤你都完成得很好，此时孩子就会愿意听你说话。4.就事论事，让孩子关注于解决问题本身。比如问孩子如何可以避免将来再出现类似问题，引导他去思考。如果孩子没有想法，你可以提出一些建议，直到你们达成共识。

▶ 案例3-3

和你爸一样不让人省心

小丽爸爸犯罪入狱，父母离异后，小丽一直和爷爷奶奶生活在一起。

有一天，小丽放学回家抱怨数学老师在全班面前朝她吼叫，奶奶以一种指责的口气问道："你做了些什么？肯定不听话了。"小丽："我什么也没做。"奶奶："得了吧，老师才不会无缘无故地吼学生呢，你到底做了什么？你想想怎么可以让老师不要生气？你和你爸一样不让人省心。"小丽很伤心，边哭边说："你为什么就不相信我，我什么都没做，就是老师有错！因为她看不起我！谁让我生在这么个破家里！"一瞬间，屋子里充斥着小丽的哭声和奶奶愤怒的责骂声。第二天上学的时候，细心的班主任老师从小丽红肿的眼睛里看出了异样。在沟通中，班主任第一步表达了理解："张老师吼你的时候，你一定觉得非常丢脸吧？"第二步，告诉孩子自己也有类似的经历，取得共鸣："记得我上学的时候有一次算数考试，我也被老师当着全班同学的面吼了，我那时觉得又丢脸又生气。"这个时候小丽告诉班主任："我当时只不过是向别人借支笔，老师却认定我是在说闲话，回家后奶奶也不分青红皂白就骂我，这对我太不公平了。"班主任说："嗯，我很理解你，换做我也会很委屈的。你看我们能不能想一个什么办法，免得以后再造成这样的误会，让自己不开心。"班主任开始让孩子关注于解决问题。小丽想了想回答说："那我以后可以多准备几支笔，这样就不用向别人借了。"班主任表示这是个很棒的主意。当班主任能够从小丽的角度来看问题时,小丽就不再觉得需要戒备了,而班主任采用的鼓励方法,让小丽感到了亲近和信任,就愿意配合,想办法解决问题。

友善的话语、关心的态度和平等的尊重,是上述 4 个步骤的根本。要本着我们是和孩子合作的态度来对待彼此之间的每次交流,这样的沟通就会给双方带来积极的感觉。

方法二:不回避现实状况,不过度关注和释放热情。

当我们无法改变现实生活的环境和状态时,我们能够采取的有效对应方式,就是改变心境和心态。要从认知和习惯上给予帮助和支持。

不回避家长自身的错误,尽量用平实的表述告诉孩子发生的实际情况,并找到当下状态中可能对孩子有益的点和方向。

▶ 案例 3-4

我不需要这样的关心

小强的爸爸因为毒瘾再次复吸被强制隔离戒毒两年,

妈妈身体不好，家境贫寒。

街道居委闻讯经常上门嘘寒问暖，有时会在走访中拍照留档。学校领导在得知小强的家里情况后，也特别要求班主任老师多留心小强的成长。在大家和小强的交流互动中，也经常会勉励他："你要争气，要好好学习，一定不要像你爸爸那样……"

渐渐地，小强越来越不愿意说话，和妈妈一语不合就会摔东西或者大叫大嚷，学习成绩也一直处于班级垫底的状态。妈妈万般无奈下通过社区寻求心理咨询师的帮助，心理咨询师以学业指导老师的身份和孩子进行了沟通。在交流中，咨询师了解到孩子对有些居高临下的上门问候和帮助非常抵触，特别对走访时让他和妈妈拿着慰问品拍照极度反感。包括在学校里老师的特别关照，也会让他觉得自己是和别人不一样，有很强的自卑心和压抑感。心理咨询师还感受到孩子对父亲的怨恨和思念，以及自己对于现状那种心有余而力不足的无奈。

心理咨询师运用"有效交流四步法"和小强一起探讨吸毒是什么？爸爸为什么会去吸毒？强戒对爸爸有什么好处？我们可以从中获得的经验是什么？我们怎么看待现在和未来的自己？引导小强通过思考，建立起责任边界(爸爸的错不是"我"造成的,"我"的未来"我"要负责),通过认知模式的改变(抱怨逃避改变不了现状,我命由我不由天),提升自我价值感。一个学期后,小强的期末考试成绩名列全班第23名(全班共41位同学),和妈妈的关系也融洽很多,最重要的是他变得自信和开朗。

我们发现,孩子的行为是以自己认为真实的东西为基础,而不是以事实为基础的。了解到这一点,我们就不难理解,为什么富有同情心的居委干部和老师的热情行为,反而让小强感到极度不适的原因了,过度关注对这样的孩子来说不是鼓励。

方法三:关注孩子的心理感受,看到他内心的丧失。

一个行为不当的孩子往往是一个丧失信心的孩子。如果你把孩子的不良行为看成是他因失望而产生的行为、是缺乏知识或意识的行为、是缺乏有效技能的行为,你对他是不是会更加的爱怜和疼惜?

◎ 案例3-5

我觉得自己很糟糕

小锋的爸爸因为过失杀人重罪入狱,父母离异后妈妈重组家庭,小锋一直由外公外婆抚养长大。

在外公外婆眼里,小锋爸爸是个是非不分、个性冲动的人,他们非常担心小锋会遗传到和爸爸一样的习性,因此平常对他特别的严厉。在日常生活中也习惯用发号施令的方式对他说话,当小锋考试不好或者让老人失望时,外公外婆常常会用叹气、哭泣等方式来宣泄内心的焦虑和不满。而"你如果再不……就会和你爸一样"等这类的话语,更是经常会在小锋的耳边响起。小锋心里充满了对自己的厌恶和对妈妈的失望。他觉得妈妈重组家庭后没有和自己生活在一起,是因为自己不够好;而爸爸的错误更让自己像一个背负着红字出生的孩子,先天低人一等。虽然理性上他明白外公外婆是爱他的,但是现实生活里他和外公外婆越来越没有话说,也渐渐叛逆,学习没有动能,成绩又一直处在年级垫底的状态,学校里也没有什么朋友。后来他在游戏厅里认识了几个"志同道合"的伙伴,初二的时候选择了逃学、离家出走。放弃是他以为的唯一选择,因为他真的相信自己很糟糕。

这样的家庭境遇中的孩子更需要内心的归属感和自我价值感,令人遗憾的是他们往往无从知道该如何在自己的人际和生活中获得这些,所以就会本能选择一些错误的方式,以为这些方式能够带来他们想要的结果。有些孩子在学校中会表现得无组织无纪律,只是因为他们潜意识觉得这样才能够得到关注。只有得到他人的关注时,才能得到归属感。有些孩子在家里总不执行大人的要求,甚至会出现让大人觉得叛逆的行为,那可能是因为他想要获得价值感——"只有当我说了算,或至少不能由你对我发号施令时,我才有价值感"。当我们用强硬的态度迫使他学习的时候,可能他感受到的是"你觉得我的成绩比我更重要,这让我很伤心"。甚至会让他觉得自己不被重视,没有安全感,继而会本能反抗,"我就不好好学"。要识别孩子看似不良行为背后的那些真正的意图观念并不是件容易的事,能够找到每个行为背后的积极意图很重要,这能让孩子们觉得被认可并感觉到价值,这是孩子们改变行为的先决条件。我们要让孩子在不感到羞辱或威胁的情况下,鼓励孩子从目的上去发现自己认知和行为上的偏差,从而获得改变。

鼓励是非常重要的干预方式,这会让孩子重新获得信心。重复一遍:一个行为不当的孩子就是一个丧失了信心的孩子,而这种信心的丧失,来自于他的失望、没有归属感和丧失自我价值感。

三、特殊家庭的家庭教育目的

随着市场经济的发展、个人价值观念的改变，特殊家庭的数量正在呈上升趋势，而青少年犯罪的案件中，有这些家庭背景的孩子所犯案件的比重也越来越大。帮助这些孩子摆脱原生家庭的阴影，更早发现和培养起自己的社会责任感和价值归属感，建立起对个人能力的信任感和感知力，辨别和承担起自己对现实问题所应负的责任，直至成为一个快乐的、有益于社会的人，是本章节的目的所在。

心理学中有个"踹自动售货机效应"：当我们把钱塞进自动售货机而不出货时，多数时候我们会又踢又打，指望机器能够像我们期待的那样把货物送出来；而绝大多数时候，机器却不会因为我们的踢打而有所改变。这像极了我们和孩子之间的互动模式。特殊家庭的孩子更需要我们帮助他们记住好好爱自己、爱生活，有了爱的态度，事情往往就会好转起来。让孩子知道自责和内疚都无济于事，要清醒地意识到我们可能会犯的错误，以便知道该如何去纠正，并得到我们想要的结果，这才是硬道理。

当我们着眼于优点，而不是缺点；当我们的努力是为了改善，而不是期待完美；当我们在学习和自省中获得自身的进步和改变，在帮助别人的时候感到自己特别能干，寻找到自己的价值感,这是本章节更愿意收获的喜悦。在这一类个案咨询中,我们需要理解和把握两个基本路径。

（一）承担责任

父母一方或双方身在牢狱,并非仅仅是受到法律的制裁;从家庭归属和爱的平衡来说,身处囹圄是在承担一种责任,无论是对于社会还是被害者个人,接受惩罚者是在承担一种责任。家庭中的孩子有必要意识到父母已经在承担他们的责任,爱的位置才会恢复并且获得平衡。否则,孩子会成为责任继承者,他们表现糟糕、自我否认是一种对父母所犯错误的责任补偿。所以,家庭中的其他成年人,以及教育孩子的老师或者家庭教育指导师、社会工作者等,要让孩子改变错误认知。

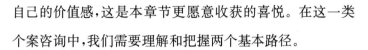

案例3-6

服刑的妈妈

某女子监狱,心理咨询师去给服刑人员讲一个心理课程。

在互动交流过程中,某位被判了11年监禁的经济罪犯说,这是她进来的第四年了。她不要孩子和家人来探视,她让社工转告家里人,不要管她,只要管好自己就成;她希望正在读小学五年级的儿子读书自觉一点,成绩好一点。她反复表示：她自己已经不重要，只要家里人好就成。可是，从社工反馈过来的消息看，儿子的表现并不理想。这位妈妈觉得很无奈，心灰意冷。

咨询师跟她交流了对服刑意义的理解，这位妈妈表示愿意让社工转告并安排家人带上孩子来探视，她会亲口告诉孩子，妈妈在为自己的错误承担责任，等承担好这份责任，会回家继续建设家庭。

显然，这次会面，会让家庭结构中妈妈这个位置不再空缺，妈妈在家庭中，她当下的任务是承担责任，接受良知的惩罚。孩子就有空间释放他自己，他不用承担责任，他可以去做好自己。妈妈接受惩罚承担责任和孩子做好自己都是在为家庭做贡献。家庭中爱的能量变得温暖，并且在每一个人身上流动。这也有利于妈妈的牢狱生活变得有意义。

家庭中，每一个人都需要找到一种当下生活的意义感。家庭成为每一个成员的心理能量源泉，良好的家庭教育需要这样有爱的暖流的家庭环境。

（二）看见未来

承担责任才能看见真实的未来，承担责任的是家庭中的所有成员。无论家长在强制戒毒或是羁押服刑，对于家庭和社会来说，当事人是在承担责任；对于家庭中的其他个人来说，因为当事者已经在承担责任，其他人可以只做自己而不用补偿当事人或者第三方受害者。在心理层面上，我们有机会、有必要引导孩子和家庭中其他成年人，看见基于现实的家庭未来。

看见未来，孩子才有勇气和动力继续前进。绝大部分人出于世俗人情和交际辞令，会给予这些特殊家庭的孩子同情和照顾，可这些孩子心中真正想要、真正希望的是他们跟别人是平等的。你想让孩子平静地看待家庭现实、接纳现实，你就得先平静地看待他们、接纳他们。然后，才可以客观地帮助这些孩子看见对于未来的自我责任和发展可能性。

承担责任和看见未来，看见未来更加自我负责；它们是一件事情的两个部分，是两个前后顺承、首尾衔接的循环心理过程。找到它们就可以实现生命的良性循环。

案例 3-7

小林辍学

小林的表姑母找到咨询师，希望咨询师以公益价格帮这个孩子做咨询。小林爸爸因为赌博和犯案，输掉了家里的两套房子，同时被判缓刑。现在一家三口住在唯一仅剩的住房内，小林爸爸没有收入还抽烟喝酒，目前托熟人找关系，在联防队打杂。

小林的表姑母之所以着急,是因为自己表弟的这个家庭处于危机状态。虽然表弟媳妇竭尽全力,家庭勉强过得去,可是小林这孩子实在令人揪心:第一,整天发脾气,谁也劝不住;爸爸不能多说半句话,否则立刻爆发,砸东西打人。第二,不肯去读书(中等职业学校二年级),在学校里也总是招惹麻烦,半年前曾把同学面部神经打断。第三,目前整天在家无所事事,玩电子游戏。表姑母寄希望于咨询师能解决孩子"心理问题",让孩子回学校读书。

　　咨询中发现,孩子确实已经对学习不感兴趣,中等职业学校也不是义务教育,可以选择不去。妈妈也终于理解自己儿子的问题不是读书去不去的问题,而是个人发展陷入了困局的问题。这个困局确实与父亲的行为密不可分。

案例分析

　　我们首先需要解决的第一个问题——承担责任。小林认为父亲是个没用的大傻瓜,用他原话来说:"你没本事,还去赌!被人家设了坑自己跳进去!"小林父亲确实是一个肤浅毛糙的人,又喜欢摆架子,在孩子还小的时候,教育孩子的方式就是一副"老子教训你,你必须听"的腔调。如今,事情发生了变化,变成儿子说"你再多说一句话,老子揍你!"

咨询师:"你对父亲很失望。"

小林:"对,反正他就是别出现在我面前。"

咨询师:"没有爱,哪来的失望? 你对他本来是有期望的。"

小林愣在那里,低头把玩手机,不说话……

(咨询师也保持沉默状态 20 秒左右)

咨询师:"知道你爷爷吗?"

小林抬头看向咨询师:"不知道。"

咨询师:"我知道,你大姑母介绍你和妈妈来我这里,不仅因为我是个咨询师,还因为我知道你爷爷。你长得很像你爷爷,一进门我就发现了,我很吃惊,你比你爸更像你爷爷,你爸其实像你奶奶。"

小林脸部表情起了变化,很明显对此很意外,又很想知道详情。

咨询师问小林妈妈:"你们有没有跟孩子讲过他爷爷? 大家都没讲过?"

小林妈妈:"我也不知道,印象中周围邻居偶尔话语中提到过,说以前他们家(夫家)条件挺好的。"

咨询师:"这个不应该,干吗不提这个亲爷爷呢?"

20 世纪 80 年代改革开放初期,小林亲爷爷是村里的支部书记,他是一个聪明有魄力有思想的干部,地方上口碑很好,后来因为身患绝症英年早逝。咨询师向小林母子介绍了小林的亲爷爷,一股从未有过的暖流输入到小林的心田里,去浇灌希望之花。

咨询师问小林:"别人跟你讲起过吗?"

小林饶有兴味地转头看看妈妈,再转向咨询师:"隔壁那个哥哥跟我提过,说我们家以前很好的。"

咨询师:"你爷爷去世的时候,你爸爸还很小。你觉得,你爷爷的衣钵应该由谁来继承呢?"

小林若有所思。

对小林的咨询,进入第二个环节——展开了新的进程,讨论小林的个人发展问题。咨询的结果是咨询师支持小林不再去学校继续学习的决定,但不是停止前进。可以先去学驾驶,然后就业,从普通劳动者做起,做自己。我们相信,这是小林能够看见的未来,在走向未来的路上,小林还会有新的发现,可以再作出新的决定,自我调适路径和方向。当他真正靠自己力量前进的时候,事情随之发生变化。这是一个动态的行进式变化过程。

承担责任和看见未来,对于绝大部分特殊家庭的家庭教育是一条必经之路。作为家庭教育指导师,要有能力驾驭和引导它们。

参考文献

［1］陈会昌,张东,张慕蕴,魏明霞.离异家庭子女的社会性发展特点[J].心理发展与教育,1990(03).

［2］伯特·海灵格.谁在我家:海灵格家庭系统排列[M].张虹桥,译.北京:世界图书出版公司北京公司,2003.

［3］伯特·海灵格.在爱中升华[M].林逸芳,曾立芳,廖文玉,译.北京:世界图书出版公司北京公司,2011.

［4］龚君.父母离异对中学生学习态度的影响研究[D].湖南师范大学硕士学位论文,2012.

［5］刘黎微,马建青.离异家庭小学生同伴关系透析[J].当代青年研究,2010(11).

［6］刘黎微,马建青.影响离异家庭小学生同伴关系的原因分析[J].宁波大学学报(教育科学版),2012(01).

［7］鲁道夫·德雷克斯.婚姻:挑战[M].甄颖,译.北京:

生活·读书·新知三联书店,2017.

[8] 罗兰·米勒. 亲密关系(第 6 版)[M]. 王伟平,译. 彭凯平,审校. 北京:人民邮电出版社,2015.

[9] Susan E Jacquet & Catherine A. Surra. Parental Divorce and Premarital Couples:Commitment and Other Relationship Characteristics[J]. Journal of Marriage and Family, 2001,63(3):627-638.

[10] 孙晓军,赵景欣,雷江华. 处境特殊儿童心理[M]. 杭州:浙江教育出版社,2015.

[11] 王永丽,俞国良. 离异家庭儿童的适应性问题[J]. 心理科学进展,2005,13(3):276-282.

[12] 相旭东. 爱的七项修炼:家庭成长中的心理动力和疏导指引[M]. 上海:上海社会科学院出版社,2017.

参考文献

后记

　　心理疏导和家庭教育个案咨询做得久了，对芸芸众生便有了更直观和深刻的体验。我经常跟身边人感慨人类生命的韧性。没有做过个案咨询的人大概不能理解，很多被父母亲送来求助的孩子，他们生命情感中经历了多少不必要的、没来由的、莫名其妙的"爱的伤害"。爱怎么会伤害人呢？仔细想想，你发过的最大的脾气和火气是不是冲着你爱的人去的？你的很多纠结和愤懑是否来自那个爱你的人？

　　我们被自己的情绪左右，太多的家长在家庭教育过程中被自己的情绪掌控，以至于失去了判断是非曲直的能力。是家庭教育的困境让家长们更焦虑，还是家长们的焦虑让家庭教育一步步陷入困境？这个问题值得思考，应该是二者互为因果，伴生而长。

　　本套丛书五个分册，基本涵盖了家庭教育中可能出现的困难要素。对家庭教育指导服务的实践者来说,经常出现好比盲人摸象的情形。很多指导工作者热衷于某一种心理学的临床技术或者流行的方法,动辄对出现厌学行为或者自我妨碍行为的孩子进行心理测评,把心理咨询和治疗当作化解教育问题的万灵药,这是一种令人忧虑的现象。稍有疑惑就上医院接受诊断,实际上可能只是触摸到了造成孩子不如人意之行为表现的一部分原因,甚至可能本末倒置、缘木求鱼。让一个孩子产生生命轨迹变形的原因不会那么单一,往往都是多重原因组合起来才发生了令人惋惜的变化。

盲人摸象式的关心,看起来大家都很重视孩子们的心理健康,实际上是大家都很紧张孩子们的心理健康。紧张不等于重视。重视孩子们健康成熟人格的发展,往往并不在于你为孩子做了什么事情,而是取决于你为孩子做对了什么事情。

每一个家长都有责任反思自己:"我为孩子创造了怎样的家庭文化氛围? 我为孩子的身心发展提供了哪些支持? 我为孩子实施了怎样的家庭学习管理? 我为孩子创设了怎样的家庭人际关系? 我为孩子发掘了怎样的社会支持?"这五个问题,就是我们五个分册的核心:家庭文化影响了家庭教育,家庭教育必须吻合孩子身心发展,学习管理成就孩子的学习效能，家庭关系左右着孩子的心理动力，社会发展的公共服务要真正有助于家庭教育。

很遗憾，对于这五个问题，有些家长一个也回答不了，他们这些方面都没有做好。自己做不好的，却要求孩子做好；自己一直在生产负面能量，却要求孩子的生命仓库里有阳光。这实在是一种困难。这就是我们今天碰到的家庭教育的困难。家长们需要学习和提高，孩子们需要拥有更好的家庭成长环境。

因为和上海开放大学王伯军副校长谈论过家庭教育指导的实践，我便接受了主编这套丛书的任务，对此我感到很荣幸，也倍感责任重大。丛书从立项到正式出版，只用了半年多的时间。能够在这么短的时间内完成，要感谢上海开放大学王伯军副校长，上海市教育委员会江伟鸣调研员和上海开放大学非学历部王松华部长、姚爱芳副部长四位领导和其他工作人员的大力支持。同时要感谢丛书每一位编写人员，特别是孙传远、陈小文、张竹林和丁敬耘四位同志，除了完成各自负责章节的编写，他们还分别承担了本丛书中的《家庭文化与家庭教育》《家庭关系与家庭教育》《学习管理与家庭教育》和《社会发展与家庭教育》的主编任务。丛书编写之初，我们分别召集五个分册的编写人员召开了小组研究交流活动，统一了思想观点和实操认知。每一分册都由至少四位编写人员通力合作来完成。术业有专攻，家庭教育涉及诸多方面，我们编写团队发挥各自的优势，相互补充和完善，很好地完成了编写方案，实现了预期目标。

书中大部分案例都来自编写者在家庭教育指导领域的实践，对案例主人公进行了必要的个人信息模糊化；其中比较详尽呈现的案例，不仅作化名处理，还特意征询了实际当事人的意见，征得了他们的同意。这套丛书的出版，也要感谢那些曾经向我们求助如今支持我们的家长朋友们。

"家庭教育指导丛书"的出版，还要感谢上海远东出版社张蓉副社长和她领导的编辑团队，他们为丛书的设计和出版付出了辛勤的劳动和智慧。

作为主编，我参与了每一分册的编写，深知每一本书里都饱含作者深深的感情和思想，搁笔之际，倍感留恋。再次对每一位编写者表达真诚的敬意，并代表全体编写人员表达我们共同的心愿：愿本丛书能给千百万家庭带去温馨、力量和阳光。

相旭东

2021 年 5 月 15 日于茸城半日轩

后记